Dois corações
e um destino

Dois corações e um destino

Psicografia de
Vanir Mattos Torres

Pelo espírito
Daniel

LÚMEN
EDITORIAL

Dois Corações e um Destino
pelo espírito Daniel
psicografia de Vanir Mattos Torres
Copyright @ 2007 by
Lúmen Editorial Ltda.

5ª edição - Agosto de 2020

Coordenação editorial: Ronaldo A. Sperdutti
Preparação de originais: Cristina Lourenço
Capa e projeto gráfico: Daniel Rampazzo / Casa de Idéias
Impressão e acabamento: Renovagraf

Dados Internacionais de Catalogação na Publicação (CIP)
(Câmara Brasileira do Livro, SP, Brasil)

Daniel (Espírito).
  Dois corações e um destino / pelo espírito
Daniel ; psicografia de Vanir Mattos Torres. -- São Paulo : Lúmen, 2007.

1. Espiritismo 2. Psicografia 3. Romance
espírita I. Torres, Vanir Mattos. II. Título.

07-2710   CDD-133.9

Índice para catálogo sistemático:
1. Romance espírita : Espiritismo   133.9

LÚMEN
EDITORIAL

Av. Porto Ferreira, 1031 - Parque Iracema
CEP 15809-020 - Catanduva-SP
17 3531.4444
visite nosso site: www.lumeneditorial.com.br
fale com a Lúmen: atendimento@lumeneditorial.com.br
departamento de vendas: comercial@lumeneditorial.com.br
contato editorial: editorial@lumeneditorial.com.br

2009-2020
Proibida a reprodução total ou parcial desta
obra sem prévia autorização da editora

Impresso no Brasil – *Printed in Brazil*
5-8-20-100-20.130

SUMÁRIO

CAPÍTULO   UM
Infância feliz, 7

CAPÍTULO   DOIS
Um novo tempo começa, 17

CAPÍTULO   TRÊS
O incidente, 31

CAPÍTULO   QUATRO
O passeio no lago, 43

CAPÍTULO   CINCO
A tempestade muda tudo, 59

CAPÍTULO   SEIS
Os desabrigados, 75

CAPÍTULO   SETE
O compromisso, 85

CAPÍTULO   OITO
No outro lado da vida, 99

CAPÍTULO   NOVE
As crianças, 115

CAPÍTULO DEZ
A queda, 125

CAPÍTULO ONZE
A acusação, 143

CAPÍTULO DOZE
O abandono, 157

CAPÍTULO TREZE
O enfermo retorna, 177

CAPÍTULO QUATORZE
As revelações, 197

CAPÍTULO QUINZE
O segredo, 235

CAPÍTULO DEZESSEIS
Na morte, a redenção, 247

CAPÍTULO DEZESSETE
O reencontro, 253

CAPÍTULO DEZOITO
O segredo se desfaz, 273

CAPÍTULO DEZENOVE
Felicidade, 277

CAPÍTULO • UM

Infância feliz

Seis horas...

O sol radiante no espaço espalha seus raios luminosos no lago da fazenda, onde pastam muitos animais. O som estridente de uma buzina assusta os animais, que saem em desabalada carreira.

A ordenha já havia sido feita, o gado e os porcos alimentados, e as aves comiam as sobras — uma perfeita harmonia entre animais e natureza.

Prudêncio, com passos arrastados, foi abrir a porteira. Seu patrão não tirava a mão da buzina de tão impaciente que estava para tirar a poeira que lhe grudara no rosto, misturada ao suor.

— Bons dias, senhor!

— Mau dia! Tem que ser você a abrir essa maldita porteira! Incumba alguém mais novo para essa tarefa. O tempo que fiquei aqui barrado daria para me assear e descansar em minha rede. O pobre homem tocou de leve o chapéu, em sinal de entendimento. Sabia-se velho, mas queria ser útil. Os mais moços estavam na lida desde cedo adestrando cavalos, e ele, com seu canivete afiado, talhava madeiras velhas, transformando-as em réplicas de tudo que via e amava. Vivia naquela fazenda desde tenra idade. Não sabia bem como tudo começara. Era neto de escravos e seus pais ali permaneceram. Eram empregados de fazenda vizinha, e o amor colocou-os lado a lado, vivendo numa casa improvisada, um pouco afastada do lago, mas com vista admirável. Eram felizes com pouco. O trabalho era árduo, mas as noites frente à fogueira, com canções que acalentavam o coração, davam-lhes forças para prosseguir. Logo vieram os rebentos. A mulher, barriga parecendo querer estourar, não era poupada de nenhum serviço pesado. Os filhos nasciam e logo eram postos de lado para prosseguir na labuta. O mesmo aconteceu com Prudêncio. Toda a história se repetiu.

Apaixonara-se por uma moçoila da fazenda vizinha e logo estavam vivendo juntos, formando numerosa família. Alguns de seus filhos, idade feita, não se conformaram em viver ali. Queriam conhecer outros lugares, outras pessoas, queriam um modo diferente de vida.

Prudêncio os abençoava e lhes acenava em despedida. Não os prenderia. Os grilhões foram quebrados há muito. Eles eram homens livres e tinham direito de fazer a própria história.

Uma neta fora deixada para trás. Como era muito apegada à avó, que já não ia para a labuta, recusou-se veementemente a acompanhar a mãe ao destino ignorado. Não os deixaria. Amava-os demais e não conseguiria tê-los longe das vistas e do coração. Tentou demover a mãe da idéia, mas ela foi irredutível. Estava cansada de cuidar das terras dos outros, da casa que não era sua e dos filhos que não eram seus. Não existia mais mucama, mas ela assim se sentia. A menina, com o rosto banhado em lágrimas, viu a mãe partir. Ficou um bom tempo abraçada à avó, temerosa de algo acontecer à mãe e de não estar perto para protegê-la; mas a idade avançada dos avós falou mais alto. Em seus tenros quinze anos, já era uma beleza de moça. Os longos cabelos desciam pelas costas em cascata até a cintura. Os olhos negros brilhavam como se fossem duas contas esmeramente cultivadas. Era esguia e falava pausadamente. O sorriso sempre estampado no rosto meigo completava a figura daquela doce menina. Para os avós, era um raio de sol que os aquecia mesmo nas noites frias.

A mãe conseguira matriculá-la em uma escolinha que funcionava em uma das fazendas vizinhas. Não era pouco o que tinha que caminhar para chegar até lá. Os pés descalços afundavam no barro em dias de chuva, fazendo-a escorregar e às vezes até cair, mas tudo ela via como uma grande brincadeira. Aprendera a ler e devorava os livros que lhe eram emprestados. Viajava nas histórias e delas fazia parte. Ora era uma princesa, ora um vaga-lume, ora se achava nas estrelas, ora em verdes campos espalhados na sua imaginação.

Foi uma benção dos céus seu nascimento. Há muito que aquela casa carecia de sorrisos infantis. Parecia ingênua, mas guardava sua esperteza para os momentos certos. Desde pequenina, freqüentava a casa grande em companhia da mãe, ajudando-a em pequenos afazeres. Criança por lá só tinha uma; era um menino cuidado com todo zelo e sempre cercado de empregados para satisfazer seus mais mirabolantes desejos. A menina, quando ainda muito pequena, pouco contato tivera com ele, mas, quando ninguém mais os segurava nas correrias, ficou difícil de serem alcançados. Encontravam-se nos montes de feno, esconderijo preferido dos dois. A cumplicidade entre as crianças foi imediata e logo se tornaram bons amigos. O tempo passou e ele foi levado para a cidade grande para uma formação melhor. A menina sentiu falta de seu amigo; o balanço que servia aos dois agora era só por ela levado ao alto como se quisesse mergulhar na imensidão dos céus. Ela ansiava pelas férias. Logo no primeiro dia de folga, ficava na porteira à espera de seu amiguinho; mas a vida às vezes muda seu curso e o menino, que no colégio fizera novas amizades, era convidado a conhecer novos lugares, e ela ficava a esperar inutilmente. Mergulhava cada vez mais nas histórias lidas diversas vezes e esquecia por vezes de seu amigo que não viera para brincar.

Os finais de cada ano, ela os achava maravilhosos, pois sentia uma energia diferente no ar.

Nessas festas havia a certeza de que seu amigo chegaria, pois a família não lhe permitia se ausentar nessas ocasiões tão especiais. Passaram-se cinco anos desde que a mãe partiu...

— Vó, como estou?

A mocinha rodopiava fazendo abrir os gomos da longa saia estampada, como se fosse uma linda flor em meio a um campo florido.

— Linda como nunca! Mas a que se deve essa alegria toda?

— Você esqueceu que dia é hoje? Antevéspera de Natal!

— Está feliz pela aproximação desse dia ou pela chegada de alguém?

A menina parou de rodopiar e ainda meio tonta jogou-se no colo de quem muito amava.

— Anseio pela chegada de meu amigo. Você sabe bem como me sinto só...

— E os amigos da escola? Não são seus amigos?

— Sim, vozinha, bons amigos; mas você sabe que prezo muito a amizade que tenho por Ricardo . A chegada dele é sempre um momento de alegria. Com ele viro de novo criança me escondendo nos montes de feno. Com ele corro na chuva, mergulho de roupa no lago e me balanço como nos velhos tempos, indo até as alturas.

Ela falava e seus olhos falavam junto. Era uma mocinha admirável.

A avó pegou a escova que a menina tinha deixado de lado ao rodopiar e voltou a destecer seus longos cabelos negros. Ela, impaciente, nem a deixou terminar. Ouviu uma buzina ao longe e correu como se fosse um chamado.

A fita que a avó prendeu em seus cabelos ficou ao longe. Voou livre como se fosse cúmplice daquela linda mocinha.

O avô, que vinha passo a passo para abrir a porteira, parou no meio do caminho, quando a neta passou-lhe como se fosse um furacão.

— Deixe vô, eu faço isso!

O avô ficou a olhá-la, e um sorriso desenhou-se em seu rosto. Revigorava-se cada dia com a energia exalada de sua netinha. Retornou devagar, pois o que viera fazer já tinha quem o fizesse. Ao virar-se não pode assistir ao que se desenrolava. Ao chegar perto da porteira, onde podia divisar bem o carro, a mocinha estancou ao ver quem ela tanto esperara chegar em companhia de uma bela moça. Foi como um salto da natureza em dias quentes para uma forte trovoada seguida de tempestade.

As risadas que vinham do carro, o braço dele rodeando o ombro da tal moça eram sinal de comprometimento. Ficou estática. Suas pernas tremiam e pareciam não querer sustentá-la mais.

— Tereza, por que você está aí parada fazendo a gente esperar? Venha! Abra logo essa porteira.

Em passos morosos, Tereza fez o que lhe era mandado. Pela primeira vez, sentiu-se diferente dele. Era o filho de seu patrão e a ordem dada por ele despertou-a para essa realidade.

Com a porteira aberta, o carro tomou velocidade deixando Tereza para trás envolta na poeira.

Era um dia chuvoso sem chuva... Um dia ensolarado sem os raios solares... Um céu estrelado sem ser ponteado pelas reluzentes estrelas... Foi assim que ela se sentiu.

Uma tristeza invadiu seu ser como nunca havia acontecido. Fechou a porteira e ficou agarrada a ela como se estivesse à deriva e ela fosse sua sustentação.

Por que ele não havia falado dela? Eram tão amigos... Sempre lhe falava dos amigos da escola, dos passeios matinais e como se sentia triste com sua ausência. Ele ria e dizia nunca deixá-la. Seriam amigos para sempre. Amigos... Sim, nunca seriam mais do que isso.

Ele estudava na cidade grande e era quase um bacharel. Ela concluiu os estudos primários, e nada mais a escola poderia lhe oferecer. Não deixara de freqüentá-la. Ajudava aos que tinham dificuldades e adorava pegar nas mãozinhas pequenas para ajudá-los a contornar as primeiras letras do alfabeto. Era feliz, muito feliz. Assim se sentia até o desenrolar da tempestade daquele dia.

Voltou devagar e se aninhou no colo da avó. Essa nada perguntou. Escutara vozes e risadas e como lhe eram desconhecidas...

— Filha, não deixe se abater pela tristeza. Se ela fizer moradia em seu peito nada será como antes.

— Não será, vozinha, não será!

Nem dez minutos se passaram e uma voz forte como o soar de um trovão fê-la levantar-se.

— Tereza! Tereza! Você está se escondendo, mas tenho que falar com você.

A avó empurrou-a, dando-lhe forças para atender o tão esperado chamado.

Chegou à soleira da porta, e o rapaz elogiou-a admirado.

Como você está linda! Venha, quero lhe apresentar alguém, uma amiga de turma. Falei tanto de você que ela está ansiosa por conhecê-la.

Tereza desceu as escadas devagar, indo, mas sem querer ir.

— Você está triste? Aconteceu algo na fazenda que eu ainda não soube?

Ela negou com a cabeça, e o rapaz ficou sem entender. O que mais admirava em Tereza era sua alegria constante, sua espontaneidade, seu sorriso, mesmo quando voltava da escola cansada e com os pés enlameados. O que teria acontecido? O rapaz ficou a cismar, e Tereza se deu conta disso. Ele estava ali, era seu amigo de sempre e tudo ficara para trás.

Tereza deu uma sonora gargalhada, e caíram nos braços um do outro. A paz fora selada. As amarguras foram ladeira abaixo, como os frutos tirados das árvores e jogados do alto da montanha.

O rapaz pegou-a pela mão e conduziu-a até a casa grande onde a moça estava conversando com os pais do rapaz.

Depois de feitas as apresentações, Lídia ficou a olhar Tereza de cima a baixo.

— De fato você é como o Ricardo falou: realmente faz parte deste lugar.

Tereza ficou sem entender. Seria um elogio ou uma frase jocosa?

Ricardo quebrou a tensão, chamando-a para um passeio no lago. Iam lado a lado, mas Lídia parecia querer mostrar que era mais do que uma amiga. Puxava-o pela camisa ao encontro do seu corpo e fingia ignorar a presença de Tereza.

Ricardo parecia nada perceber. Estava entusiasmado por mostrar a sua amiga outro modo de viver.

A alegria repentina que Tereza sentira foi se esvaindo aos poucos. Sentia-se uma intrusa.

— Ricardo, já que você tem companhia, vou procurar minha avó. Eu a estava ajudando quando você me chamou.

O rapaz de pronto aceitou o argumento da moça, o que a deixou decepcionada. Ele nem insistia na sua presença. Lídia fez com que eles logo se distanciassem. Pegou-o pela mão e saiu correndo, deixando para trás quem havia se enfeitado e agora se abatia em tristeza, como não queria a avó.

Amava demais os avós, mas, pela primeira vez, desejou estar bem longe. Tirou as sandálias, pois queria sentir a terra sob os pés. Era assim desde criança. O contato com a natureza a enchia de júbilo. Ao aproximar-se da casa viu que a chamavam. Não teve pressa. Caminhou lentamente, demorando até alcançar quem a chamava.

— Tereza, preciso que me ajude a servir o almoço. Como você sabe, temos visitas e quero que tudo saia a contento.

Ela não precisava atender se não quisesse. Não era empregada da fazenda, mas lá vivia e era agradecida por isso. Lentamente como chegou, continuou indo em direção à cozinha sem perceber as marcas deixadas pelos pés.

— Essa menina é estranha... parece não ouvir, mas atende o que pedimos. Ricardo com certeza a mandou de volta querendo ficar a sós com a linda moça da cidade.

Em seus passos vagarosos, Tereza não deixou de ouvir e entendeu as insinuações maldosas.

Ele não a mandara voltar, mas quanto ao resto...

Tudo estava a contento quando o casal voltou do passeio. Os empregados, ajudados por Tereza, prepararam a mesa para a refeição com esmero. Ela já ia sair, pois deu por término o que viera fazer, mas foi impedida pelo senhor Augustus, o dono da casa e pai de Ricardo.

— Você não vai ficar e ajudar a servir o almoço? Você tem um pouco de classe, é melhor que esses xucros. Gostaria que terminasse o trabalho.

Eleonora, a esposa de Augustus, tentou interceder em favor de Tereza.

— Deixe ela ir. Não é empregada da fazenda, já nos fez o favor.

Ela nem pode terminar, o homem ficou rubro de raiva e não

se conteve.

— O que ela é, então? Nossa hóspede? Tenha santa paciência!

E assim dizendo retirou-se da sala, não sem antes fazer ir ao chão a bandeja com os copos delicados cheios de fina bebida. O cristal se desfez em mil pedaços, espalhando-se pelo piso lustroso. Como eles, uma energia ruim tomou os quatro cantos da sala.

Apesar de assustada, Tereza foi tentar catar os cacos maiores, esquecendo-se de que poderia se ferir.

— Deixe, Tereza. Eu faço isso. Suas delicadas mãos nem sentirão se pedaços desses cristais finos penetrarem nelas.

Ricardo a pegava pelo braço enquanto falava, fazendo-a levantar-se. O rapaz já ia continuar o que a moça fazia, mas sua mãe, calma como sempre, pediu aos empregados que se incumbissem de tão delicada tarefa.

Um constrangimento ficou no ar, mas Lídia, que sabia jogar, não demorou em sua inércia.

Foi até Tereza, pegou suas mãos com ar preocupado.

— Deixe-me ver se há algum corte. Ricardo tem razão, poderia ter retalhado suas delicadas mãos.

Ela falava com voz macia, enternecendo a todos. Ricardo abriu um sorriso e foi em sua direção pegando sua mão, beijando-a respeitosamente.

— Você é generosa. Sua delicadeza me emociona.

Tereza não quis ouvir mais, seu coração não suportaria. Correu escada abaixo, antes que alguém visse rolar pela sua face o pranto contido. Não foi para casa. Não poderia levar para a avó o que estava sentindo. Queria se esconder, queria ficar livre de olhos curiosos.

C A P Í T U L O • D O I S

Um novo tempo começa

Na casa...

— Ricardo, fiz algo errado? Só quis ver se ela havia se machucado.

— Não foi o que você fez, e sim o que meu pai falou. Ele a magoou. Tereza cresceu nesta fazenda como minha irmãzinha e não como serviçal. Desculpe Lídia, mas comece o almoço com minha mãe que já volto.

Ele nem a deixou questionar sua ação. Eleonora, sábia como sempre, pegou a moça pelo braço e, com um franco sorriso, apesar do clima, fez um comentário tentando ser harmoniosa:

— Creio que só ficamos nós duas para ingerir esses deliciosos quitutes.

Lídia concordou com um sorriso e sentiu-se, pelo menos por um momento, uma perdedora; mas tinha certeza absoluta que ainda viraria aquele jogo.

Enquanto isso, Ricardo escutava da avó de Tereza que não sabia onde a neta se encontrava e espantou-se por ela ter saído da casa grande sem ter ido para casa.

— Não se preocupe. Ainda é cedo e ela deve ter ido dar um passeio.

O rapaz sabia da saúde precária da velha senhora e não quis preocupá-la. Correu as vistas pelas extensas terras, imaginando onde Tereza estaria.

O lago. Sim, ela gostava de ficar a apreciá-lo no vaivém dos pousos das aves selvagens. Correu até lá e nada. Lembrou-se da infância, quando se escondiam para se livrarem do famoso banho sempre com muita esfrega a fim de livrá-los da lama seca. Sacudiu a cabeça afastando essa idéia. Isso acontecia na infância e não agora jovens crescidos.

Andou entre os montes de feno relembrando a infância quando viu algo inesperado: o monte de feno tinha vida.

O rapaz aproximou-se devagar e pegando um graveto que estava jogado no chão cutucou de leve o interior do monte.

— Ai! Pare! Não vê que está me machucando?

— Desculpe seu monte de feno, mas você sabe onde posso encontrar minha amiga Tereza?

— Para que você quer encontrá-la? Tem sua amiga da cidade e não precisa de mais ninguém.

— Tereza, não seja criança, saia daí ou me jogo e espalho o monte, tornando inútil o trabalho de quem o fez.

Sua aparição fez o lugar encher-se de gargalhadas. Tanto do moço quanto de quem o observava.

Tereza parecia o espantalho que tinha como função afastar as aves que bicavam os saborosos e impecáveis frutos que eram vendidos e consumidos na fazenda.

O cabelo, a roupa, o rosto, estavam cobertos de palha.

— Não ria, Ricardo! Vou me enfiar de novo no monte e só vou sair de manhã, com as primeiras estrelas.

Ricardo aproximou-se e, retirando as palhas que grudaram em seu rosto, disse-lhe delicadamente:

— Você está engraçada e por isso ri, mas palha nenhuma será capaz de esconder sua beleza.

Só então Tereza se deu conta do ato insano. O vestido feito pela avó com tanto esmero estava amassado e cheirando a mato.

— Como pude ser tão tola. Estou envergonhada... Vá, você tem visita e não fica bem deixá-la esperando.

— Queria que desculpasse meu pai pelas palavras indelicadas. Sabe como é, criado na fazenda lidando com broncos, se tornou um deles.

— Ricardo, sou cria desta fazenda.

— Perdoe-me mais uma vez. Não coloquei bem as palavras. Só quis dizer que meu pai não é mau sujeito. Está empolgado com Lídia e fez o que fez sem perceber o quanto a magoaria.

— Não importa mais. Ele tem razão. A fazenda só é hospedagem para os convidados. Se moro aqui, tenho que contribuir com tarefas. Eu é que vou pedir desculpas. Esqueci por um momento o meu lugar.

— Tereza, não fale assim. Você nunca foi tratada como empregada. Nasceu aqui, é diferente de quem é contratada para trabalhar. Não sei por que estamos falando sobre isso. Conversa sem lógica!

Tereza viu o quanto seu amigo estava perturbado e tentou mudar a postura:

— Ricardo, vá para casa. O almoço que ajudei a preparar com todo esmero não deve estar mais delicioso, pois já esfriou, o sabor não será mais o mesmo. Vamos, eu o acompanho.

— Vai voltar para casa? Lídia adorará.

— Desculpe, meu amigo, mas vou encontrar minha avó. Ela deve estar me esperando. A refeição só sai quando chego.

— Claro! Deixe eu tirar essas palhas de seu cabelo ou sua avó se assustará.

Delicadamente, Ricardo ajudou-a a compor-se. Cada gesto dele era acompanhado pelos batimentos cardíacos da moça, como se fosse um trovador e seu violeiro.

Andaram juntos um bom pedaço e logo se separaram sem mais palavras. Havia algo no ar. Não eram mais criancinhas fazendo birra um com o outro. Algo mais sério estava acontecendo, mas só Tereza se dava conta. Havia mais alguém que não via com bons olhos aquela amizade e, confinado em seu quarto depois do incidente, observou-os e não gostou da cena que entrevia de sua janela. Era Antenor. Seu filho era como a mãe, um bocó. Estudava na cidade grande, mas não mudara. Se igualava aos inferiores, e isso o perturbava. O que a moça Lídia não pensaria dessa situação? Talvez nem quisesse mais voltar ali. Apesar de não querer, teria que descer e contornar a situação. Chegou ao salão no mesmo instante que Ricardo. Este, tez serena como se nada tivesse acontecido.

Quis falar com ele, mas foi ignorado. Aquele rapazinho precisava de uns corretivos. O que ele pensava? Vivia do seu rico dinheirinho; não fazia esforço para conseguir nada. Tudo lhe era proporcionado. Vivia no Rio de Janeiro em boas acomodações e nada lhe faltava. Devia mais do que respeito e era isso que na primeira oportunidade ele diria. Pigarreou chamando a atenção de sua esposa, que, entendendo, levantou-se e, pegando Ricardo pelo braço, fê-lo sentar-se para ser servido.

Lídia conversava com Eleonora sobre os pratos servidos e não parecia que algo mudara. Relaxou. Comeu mesmo sem ter fome, pois passara muito da hora e seu estômago calara.

A paz reinava. Foram todos para a varanda onde foi servido o café, como era de praxe.

Ricardo permanecia calado. Lídia entabulava conversas, mas ele parecia distante. Sua face só desanuviou quando a mãe lhe falou dos novos cavalos e que seria de bom tom mostrá-los à interessada hóspede. De imediato, Lídia puxou-o pelo braço querendo ver a maravilha mencionada.

Ricardo desde pequenino andava entre os animais e tinha bom entrosamento com eles. Até os que tinham que ser domados ele não temia. Quantas vezes os empregados da fazenda o traziam a tiracolo, por estar dentro da cerca conversando com os animais arredios.

Ao se afastarem, o pai não se conteve mais:

— Viu no que deu o modo como você educou seu filho?

— Não sei do que você está falando, meu esposo. Nosso filho é um ótimo rapaz, com formação intelectual e moral completas. Temente a Deus, seguidor de seus ensinamentos. O que aconteceu para estar bravo com ele?

— Não se faça de ingênua! Já se esqueceu do que se passou antes da principal refeição? Não! Não se lembra por que não lhe interessa. Você não quer falar de Tereza. Então nosso assunto se encerra aqui.

O homem saiu batendo as botas, deixando Eleonora boquiaberta.

Ele nunca interferiu no andamento da casa. Nunca questionou a presença de Tereza, que estava sempre ali perambulando e fazendo peraltices com Ricardo. E essa agora? O que estaria passando pela cabeça de seu esposo?

Ela ficou pensativa, enquanto as batidas das botinas continuavam, no andar intranqüilo de quem não sabia viver bem. Ela orou como sempre fazia. Pediu pela paz em seu lar. Que a intolerância e a discórdia ficassem do lado de fora, longe de Ricardo e do pai.

A tarde desceu e Ricardo e Lídia não voltaram de um passeio. Ela ficou preocupada e foi conversar com o marido.

— Ótimo! Agradeço a notícia. Pensei que o meu dia iria terminar como começou: péssimo.

— Você não está preocupado? Eles já deveriam ter voltado. Logo escurecerá e não é de bom-tom ele ficar perambulando com uma moça por aí.

— É isso mesmo. Com essa moça... é sinal que tiveram bom entrosamento.

O homem começou a rir, e a mulher arrependeu-se de ter ido falar com ele.

Como Augustus mudara. Ansiava pela vinda de outros rebentos, mas não acontecera. Planejara uma família numerosa, mas Ricardo foi o único a preencher suas expectativas.

Eleonora sabia das andanças do marido e muitas vezes fingiu não ver o que estava a olhos vistos.

Arrependida de ter ido falar com quem deu pouca importância ao caso, resolveu procurar quem de fato a ajudaria. Prudêncio, apesar da idade avançada, era ágil nas resoluções. De imediato pediu aos peões que fossem em busca do patrãozinho; se algo aconteceu, logo saberiam.

Não demorou muito e a notícia veio. Como o coração de Eleonora avisara, eles não estavam tão bem como pensava seu esposo.

Ansiosa, a mulher viu-os chegar. Lídia na garupa de um dos empregados e Ricardo atravessado na sela de outro cavalo.

Assim que se aproximaram das imediações da casa grande, foram logo ajudados e Ricardo, com esmero, conduzido ao quarto.

— Filho, o que aconteceu? Por que Lídia não veio pedir socorro?

— Calma, mãe! Assim a senhora fará com que ela se sinta culpada por uma culpa que não teve. O culpado está sobre esta cama e com a possibilidade de ter alguns membros quebrados. É melhor mandar buscar o doutor e depois conversaremos sobre o que aconteceu.

O rapaz falava e se contorcia em dor.

A boa mulher recompôs-se, e logo o doutor estava na cabeceira do acidentado.

No zunzunzum que se espalhou pelos quatro cantos da casa, chegou ao ouvido de Augustus o que havia acontecido. Suas pernas bambearam. A coragem de ir ver seu menino de imediato faltou. Seu herdeiro... Se algo de grave lhe acontecesse se sentiria eternamente culpado. Não escutara Eleonora quanto à preocupação pela demora dos dois. Sentou-se à beira da cama esfregando o rosto com as mãos e dobrou-se em um convulsivo choro. O medo o aniquilava. Não suportaria perder seu menino. Seu orgulho. Agora, perante o que poderia ser grave, os sentimentos verdadeiros pelo filho afloraram. Seu coração batia descompassadamente. Por que Eleonora não lhe trazia notícias? Sendo o chefe da família, deveria ser o primeiro a ter notícias reais do que acontecera. O pensamento mudou e também o sentimento. O que antes era sublime, transformou-se, dando lugar à raiva e ao sentimento de poder.

Mais calma, depois de escutar do doutor que Ricardo não ficaria em uma cama entrevado, só precisaria de muitos cuidados, pois teria as duas pernas imobilizadas, foi até o quarto dar notícias ao esposo. Abriu a porta do quarto cautelosa, pensando estar o esposo entregue ao mais profundo sono.

— Você entra no quarto como se fosse um gatuno querendo roubar meu tesouro? Não está atrasada com as notícias de meu filho que já deveriam estar em meus ouvidos?

A boa mulher não esmoreceu. Conhecia bem o marido e, apesar de não se acostumar com as palavras grosseiras, aprendera que só com muita serenidade e paciência conseguiria lidar com as situações diárias.

— Pensei encontrá-lo ressonando.

— Está louca? Não veio atazanar meu juízo com suas tolas preocupações? Então, o que aconteceu? Ficaram perdidos sem ter onde se perder ou foram assaltados em plena fazenda, onde com certeza não correriam esse risco?

— Ricardo sofreu um acidente, mas o doutor aliviou nossa preocupação. Você não quer vê-lo? Tenho certeza que ficará mais calmo quando o vir com seus próprios olhos. Vamos, não seja rabugento... sei que esse coração que bate agora descompassadamente bate ansioso para ver seu filho — a mulher esticou o braço tocando-o, e ele deixou-se conduzir.

Já na casa de Prudêncio a angústia e o medo tomaram conta de Tereza.

— Vamos, vô! Vamos até lá!

— Filha minha, voltei agora de lá. Tenho certeza que tudo está a contento. Que desculpa este velho dará para retornar à casa grande?

— Preocupação por Ricardo será um bom argumento, não precisa de desculpas para oferecer seus préstimos.

— Minha boa menina, sei que está angustiada. Seu amigo sofreu um acidente, mas lhe garanto que não é nada grave.

— Vô, como pode ter essa certeza?

— Escutei o doutor falar antes de me retirar. Ele ficará acamado, vai ter que ser cuidado até que suas pernas possam sustentá-lo de novo sem dores.

— Sem dores? O senhor não acabou de dizer que ele estava bem?

Tereza rompeu num angustiante choro.

— Viste, meu velho, o que seu esticado trololó acabou de fazer?

Tereza sentou-se no chão deixando a cabeça cair no colo da avó, que a conhecia bem e com certeza sabia dos seus mais profundos sentimentos.

— Minha velha, só respondi o que Tereza perguntou. Nada mais.

— Será que apesar de seus inúmeros anos de vida não tem sensibilidade para saber que Tereza quer sua companhia para ir até a casa ver com seus próprios olhos como está de fato seu querido amigo?

— Então era isso? Tereza, por que não falou claro a este velho? Se quer ir lá, é só pôr-se de pé.

A moça limpou o rosto no avental imaculado da avó, deu um salto com toda energia de sua idade, e logo atravessou a porta.

Prudêncio foi atrás dela em resmungos.

— Calma, menina. Se quer mesmo a companhia de seu velho avô, tem que brecar suas pernas.

Tereza voltou, deu-lhe um forte abraço agradecendo sua boa vontade.

— Filha, não entendo você. Sempre entrou e saiu da casa grande sem muita cerimônia, ao ponto deste velho ter que lhe chamar a atenção. Por que agora insiste em minha companhia?

— Sabe vô, a moça da cidade me deixa sem jeito.

Tereza não quis relatar ao avô os primeiros acontecimentos do dia. Não queria que ele tomasse suas dores. Era um bom homem e viveu toda sua vida servindo os donos daquela fazenda. De vez em quando, Tereza escutava o senhor Augustus dizer à esposa que o velho Prudêncio dava mais despesa do que lucro. Falava como se ele fosse mercadoria e isso doía à menina. Amava demais seus avós. Queria ter podido lhes dar uma vida mais fácil, ir para outro lugar, como fez sua mãe. Mas eles diziam ter fincado ali suas raízes e ali também deixariam para a terra seus corpos.

Pulando os degraus de dois em dois para chegar mais rápido, Tereza parava e esperava com certa impaciência o arrastar de pés.

— Vamos, vô!

— Filha, quem você quer ver não vai a lugar nenhum. Para que precisa de tanta pressa?

Tereza bateu na porta e se pôs atrás do avô.

— Se esconde? Parece uma menininha. Para entender você só mesmo sua avó.

A porta abriu-se e Eleonora, sem perguntar, os conduziu ao quarto do rapaz.

— Sabia que não demoraria a visitar seu amigo. Com certeza seu avô já lhe contou os detalhes.

— Não, até porque ele não sabe direito como Ricardo, sendo um exímio cavaleiro, foi cair como se fosse um novato.

— Imprudência, minha filha. Pura imprudência! Mas vou deixar que ele mesmo lhe conte.

Ao chegar ao quarto de Ricardo, o silêncio foi eloqüente. Lídia, que estava lendo para o rapaz, parou e olhou para Tereza com certo desdém, se perguntando o que ela estava fazendo ali àquela hora, dois empregados que não foram nem por ela, nem por Ricardo chamados.

Tereza logo se refez e ignorando-a voltou-se ao rapaz:

— Ricardo, fiquei assustada quando soube. Você topou com uma cobra e seu cavalo se assustou? Só pode ter sido isso. Nenhum cavalo por mais arisco que fosse teria como derrubá-lo da sela.

Ela falava seguidamente sem deixar intervalo para o rapaz se pronunciar.

Lídia, entendendo mal o silêncio do rapaz, levantou-se, dando por terminado não sua visita, e sim a de quem ela queria que estivesse a léguas de seu preferido.

— Moça, creio que não é o momento adequado para essa enxurrada de perguntas. O que você quer saber ele já contou a quem de direito. As ordens médicas são para que ele descanse. Tereza olhou para seu amigo esperando que ele interviesse, mas nada. O que Tereza não sabia era que o doutor havia ministrado ao rapaz um forte medicamento para que ele relaxasse. Isso o punha meio sonolento, meio alheio ao que se passava.

Prudêncio, acatando as palavras de Lídia, tomou Tereza pelo braço puxando-a e se despediu, dizendo ao rapaz que se precisasse dele era só mandar chamar, fosse a que horas fosse.

Tereza nem se despediu, soltou-se do braço do avô e correu como uma gazela assustada.

Enquanto lágrimas desciam pela face de Tereza, no rosto de Lídia desenhava-se um sarcástico sorriso.

Chegou em casa esbaforida, assustando a avó que já dormitava, vencida pelo cansaço que seus anos vividos nesta terra carregavam.

A velha senhora, com dificuldade, foi saber do ocorrido e o porquê de Tereza chegar em casa como um raio a cortar os ares.

— Vó, queria estar bem longe daqui! A senhora sabe de meus sentimentos, sabe o quanto eu o amo, mas hoje tive a certeza de que nunca serei correspondida. Meu coração cometeu um grave erro e pagarei por isso.

— Filha, você está deixando sua avó ainda mais assustada. Onde está seu avô?

— Aqui, minha velha, bem atrás de você e sem entender nada. Essa menina me deixou sozinho, saindo em disparada como se tivesse visto alguém se despedindo desta terra! O patrãozinho só tem precariedade nas pernas. Não sei o que a assustou.

A velha senhora, empurrando-o com delicadeza para outro cômodo, pediu que deixasse Tereza só por hora, pois, muito amiga que era do rapaz, chocou-se ao vê-lo em cima de uma cama, agora impossibilitado de fazer o que tanto gostava: andar por aquelas pastagens.

O velho senhor abraçou a senhora, consolando-a.

— Será por pouco tempo. Logo ele estará montando de novo, como fez desde pequenino. Tereza precisa de um chá calmante; é melhor providenciar logo.

A boa mulher não falou, mas pensou que calmante nenhum amainaria o que estava acontecendo a sua menina.

CAPÍTULO • TRÈS

O Incidente

O dia amanheceu radioso. Logo vários sons se misturavam. Eram os trabalhadores da fazenda se deslocando. Eram os animais que sendo tratados respondiam. Era o barulho da manhã. Do casebre, via-se ao longe a casa grande. Tereza estava desde cedo na pequena varanda a observá-la.

— Menina Tereza, deu formiga em sua cama? Dormiu tarde e já madruga?

— Pouco dormi. O sono não quis ser meu companheiro.

— Tem que buscá-lo... o cordão mágico que o puxa como bem sabe...

— É a oração! Se dissesse ao senhor que ontem o fiz, estaria mentindo.

— Que tal fazer agora? Este velho tolo que parece nada compreender a ajudará e quem sabe acalma esse coraçãozinho que bate por quem não deveria.

Tereza olhou o avô de soslaio, envergonhada por ter seus sentimentos a descoberto.

— Vô, desde os primeiros tímidos raios de sol me encontro aqui orando. Como ele faz à terra, a oração aos pouquinhos foi me deixando mais calma e podendo ver claramente o que se passa. Tens razão. Ricardo nunca será mais do que um amigo e isso deveria me bastar. Mas parece que ele faz parte de meu viver.

— E faz, filha. E faz! Lembro quando os dois corriam além dos limites da fazenda e alguém tinha que ir buscá-los. Diziam que queriam ver o que havia do outro lado do sol. Você está confusa em seus sentimentos. Tenha-o apenas como um bom amigo e evitará sofrimento.

— Tenho que dizê-lo ao meu coração, pois ele não entende assim. Vô, será pecado gostar de alguém com posição superior a nossa?

— O que este velho pode lhe dizer é que nesse tempo todo de vida os pares que conheci foram formados de acordo com seus nascedouros. Creio que assim sempre foi e sempre será.

— Vô, se podíamos ser amigos, por que agora, já moços, temos que viver separados?

— Filha, só não vemos o que não queremos. Ele já tem comprometimento. A presença da moça Lídia nesta fazenda é a confirmação do que digo.

— O que vou fazer de minha vida? Contava os dias esperando sua chegada. Olhava as flores, pedindo aos céus para conservá-las viçosas até sua chegada. Vivia na lembrança de nossos encontros. E agora? O que me restará?

— Filha, você está assustando seu velho avô. Fala como se ele tivesse lhe prometido compromisso.

— Ele não. Mas pensei que a vida tivesse me dado isso.

— Tereza, você não está sendo sensata. Mesmo se ele o quisesse, o senhor Augustus não permitiria. Então é melhor esquecer. A melhor maneira de isso acontecer é não vê-lo. Evite ir à casa grande. Vá para a escola e ocupará todo seu tempo.

— Férias, meu avô! Está esquecendo?

— Sim, este velho já não tem boa memória. Então, fique ajudando sua avó. Aqui nesta casa todos os dias se trabalha e sempre terá a alegria das férias.

O velho a abraçou e Tereza teve que sorrir com a franca colocação.

Um galope pôs fim àquele momento de serenidade.

— Tereza! Esperam você na casa grande.

O peão falou e tocou de novo o cavalo sem dar tempo à moça de perguntar o que seria. Quem lhe esperava. Não era costume ir até a casa, ainda mais tão cedo.

— Vá, filha. Devem estar precisando de seus serviços.

— Meus serviços? Vô, não sou empregada deles. Não vou ocupar o lugar de minha mãe. Os grilhões há muito foram partidos. Nasci livre!

— Filha, por que tanta revolta? Trabalhamos pelo nosso pão de cada dia, pelo teto que nos abriga e somos gratos por isso. Não somos escravos, e sim trabalhadores.

— Desculpe, meu avô. Falei sem pensar.

— Colocou para fora o que está nesse coraçãozinho.

— Sabe, vô, amo o senhor e minha avó. Continuar aqui, deixando minha mãe partir só, foi escolha minha e não me arrependo. Não poderia deixá-los. Mas não quero viver como escrava, tratada como um ser inferior, até cedendo às tentações dos patrões.

— Do que você está falando?

— De minha mãe. Do que ela teve que suportar. Das coisas que sempre aconteceram nesta fazenda e todos fingiam não saber.

— Não sei do que você fala. Está enciumada e fala besteiras como uma criança que teve negado seu brinquedo.

— Vô, se você não quer falar, só me resta calar.

— Minha menina... cuidado com o que fala. O senhor Augustus não gostará de saber sobre essas historinhas.

— Historinhas? E o que aconteceu no lago?

Prudêncio até então calmo, medindo as palavras, ficou atônito.

— Tereza! Nada de extraordinário aconteceu nesta fazenda, nada!

O velho saiu rápido arrastando suas chinelas, e Tereza sentiu que tinha tocado em uma ferida que todos pensavam fechada, mas estava mais aberta do que nunca. A avó, que tudo escutara, mas não quis interceder. Agora, com seu velho distanciado, interveio:

— Tereza, sei que está magoada, mas isso não lhe dá o direito de soltar palavras que estão há muito enclausuradas no fundo de um velho baú. O que passou, passou. Ficou lá longe, fazendo parte de um triste passado.

— Desculpe, minha vó. Deixei sair da minha boca o que não gostaria de realmente dizer. Vou até a casa grande. Me chamam e, como pensa meu avô, tenho que ser grata por aqui viver e atendê-los.

— Faça-o de coração.

— Não posso. Não é vergonha servir, mas quero mais para mim. Quero ensinar as crianças, como venho fazendo até agora. Mas, também penso, que futuro terão elas? Saberão ler, mas continuarão cuidando da terra.

— Filha, até para lidar com a terra tem de haver sabedoria.

— Sem ganhos, vó? Em troca de uma moradia e um prato de comida? São crianças. Deveriam aprender a ler e brincar. Sofro quando pego em suas mãozinhas para lhes conduzir nos caminhos das primeiras letras e as sinto calejadas, como se fossem mãos adultas. Suas peles curtidas, castigadas pelo sol, são envelhecidas, fazendo os anos correrem mais rápidos. Queria ajudar a mudar isso. Não queria ficar fazendo deliciosas comidas, como você me ensinou, e deixar o tempo passar sem fazer nada de que gosto de verdade.

— Você é uma visionária.

— Não, vó! Se tive uma infância feliz, agradeço a senhora e meu avô, que permitiram que isso acontecesse. Mas deixo-a agora e vou ver o que querem de mim.

— Devem estar precisando de ajuda. A casa deve estar em polvorosa por causa de Ricardo.

— Engana-se, minha avó! A casa está em polvorosa por causa de Lídia.

Tereza acabou de falar e correu, não dando tempo de a avó retrucar.

Chegou a casa esbaforida, como se alguém estivesse em seu encalço.

Eleonora, que já a aguardava, brincou quando a viu chegar.

— Tereza, você parece aquela menininha que andava correndo com Ricardo pelos campos. Cresceu, mas tem a alma de uma doce criança.

— Desculpe! Recebi o recado, mas me atrasei. Corri para recuperar o tempo perdido. Foi a senhora que mandou me chamar?

— Sim, Tereza. Quem cuidava com esmero da cozinha encontra-se adoentada. Como você sabe, temos hóspedes. Temo que as refeições não saiam a contento. Ainda mais agora que tenho que estar com meu filho, que requer atenção, e não posso supervisionar a cozinha. Tenho plena confiança em você. Será que você poderia me dar essa ajuda? Sei que não é sua tarefa, mas pela consideração que sei que tem por esta família, acredito que não me negará.

Tereza sentou-se na mureta que circundava a varanda, respirou fundo, e pediu só um momento para recompor-se.

Eleonora deu-se por satisfeita, pois a resposta estava dada. Tereza encheu os pulmões com o ar gélido da manhã e adentrou.

— Não está entrando pela porta errada, menina? – interceptou-a Augustus acompanhando-a com olhar severo.

— Como, senhor?

— Serviçais tem entrada e saída pela porta lateral da casa. Você confundiu a entrada, ou é mais uma ousadia sua?

— Senhor, desde pequena ultrapasso esta porta, mas, se não me é permitido, não voltarei a usá-la.

Era humilhação demais para Tereza. A moça teve ímpetos de voltar e se jogar nos braços da avó, mas lembrou-se das palavras do avô e se desculpou mais uma vez.

— Tereza? Não é esse o seu nome?

Quem lhe falava era Lídia, que descia as escadas como se fosse dona da casa.

Tereza ficou a olhá-la sem responder. Ela sabia o seu nome, então, era melhor esperar o que estava por vir.

— Que bom que você chegou — continuou ela. Estou desperta desde cedo, pois preocupada com Ricardo não consegui pregar o olho. Estou varada de fome. Não é assim que vocês caipiras falam?

Augustus deu uma sonora gargalhada e foi em direção a Lídia. Era o tipo de moça que queria para sua nora.

— Venha, Lídia! Me faça companhia. Tereza se atrasou, mas logo nos servirá. Tereza! Sirva-nos aqui na varanda. Nos deliciaremos com os quitutes, enquanto proseamos. Vá! Apresse-se, que nossa visita reclama atendimento.

Tereza ia replicar que não era serviçal daquela casa, mas calou-se. Por seus avós, não poderia se indispor com ele.

Logo a mesa estava pronta com todo requinte. Quando ia se afastar, Lídia alfinetou-a mais uma vez:

— Não vai nos servir? Sou meio desastrada com bules. Temo respingar meu vestido de seda.

Augustus olhou Tereza e fez sinal com a cabeça para que a moça fosse atendida.

Aquilo foi demais para Tereza. Seus olhos marejaram, sua mão tremeu e o desastre aconteceu.

O líquido que deveria encher a xícara bateu na borda e foi direto no vestido como se fosse uma pequena chuva.

Lídia deu um pulo e com os olhos faiscando mostrou a Augustus o que para ela tinha sido proposital.

— Inábil! — disse Augustus, irado.

— Desculpe — disse Tereza, pegando um guardanapo para tentar limpar um pouco o desastre.

Lídia afastou-a, sem deixar que a tocasse.

— Agora não adianta. Nada que fizer adiantará. Este vestido custou os olhos da cara. Entende o que eu digo?

Tereza ficou paralisada. Não via motivo para tanto. Mas, tentando mais uma vez, dirigiu-se a Lídia:

— Se você tirar o vestido, removerei as manchas. Sei o quanto o tecido é delicado, mas tomarei cuidado.

— Cuidado? Não serviria para minha serviçal nem um dia sequer.

Tereza ia replicar. Dizer que não era empregada da casa. Só estava no momento tentando ajudar dona Eleonora a quem tinha muito apreço. Mas achou melhor calar.

Com o estardalhaço feito pela moça, logo apareceu a dona da casa.

— Augustus! O que se passa? Ouvi gritos ou estou enganada?

— Se há enganos, foi a senhora que o cometeu, não ensinando a Tereza como servir à mesa.

Lídia, com a chegada de Eleonora, mudou o comportamento e se debulhava em lágrimas. Tudo por causa de um vestido.

Eleonora, perspicaz, logo tomou sentido da situação.

— Tereza, deixe que eu cuido de tudo. Agora vá! Adiante o almoço e veja o que falta para compô-lo.

Tereza saiu cabisbaixa sentindo um peso, um desânimo que nunca havia sentido.

— Lídia, deixe-me ajudá-la. — Eleonora falava e limpava o vestido da moça. Se achar melhor, vá se trocar e mandarei que limpem seu vestido, mas, se ficar manchado, é só dizer onde e mandaremos comprar o tecido e tudo ficará a gosto.

Augustus não se conteve:

— A gosto? Você deveria ter punido quem acaba de sair daqui. Em vez disso, deu-lhe mais tarefas. Vou dar-lhe um aviso e repasse para aquela arrogante mocinha: de hoje em diante, que ela não ultrapasse os portais da cozinha.

— Augustus, ela não é nossa empregada. Já lhe falei isso. Acho que não lhe expliquei bem.

— Chega de trololó. Já dei a ordem e espero que se cumpra.

Eleonora viu que não adiantava ficar ali trocando palavras e conduziu Lídia, que se comportava como se fosse uma pobre vítima, aos seus aposentos.

Tereza chegou à cozinha aos prantos. Foi um acidente, e tanto Lídia quanto o senhor Augustus sabiam disso. Tereza fez o que lhe fora mandado e logo que pode, com sua tarefa terminada, saiu pela lateral da casa e correu a se jogar nos braços da avó que a entendia sem precisar de palavras.

— Minha menina, você viu um fantasma? Está pálida e assombrada. Fale a esta velha o que te pôs a correr.

— Acontecimentos dessa vida, vó... mas agora só quero que me dê colo.

E sentando no chão, com a cabeça apoiada nas fracas pernas da avó, Tereza ficou tanto tempo que até adormeceu.

Prudêncio, quando soube o que aconteceu na casa grande, foi à procura de sua menina.

— Ela dorme?

— Como um anjo.

— Queria que me explicasse o que aconteceu. Dizem que entornou café no vestido de...

Com o sinal feito pela guardiã de Tereza, ele teve que calar. Ela alisava o cabelo da neta e orava. Pedia clemência e que os bons espíritos a amparassem naquela hora de aflição, dando-lhe conforto e afastando quem queria se aproveitar de um coração que fraquejava perante um amor não correspondido.

Uma luz tênue ultrapassava a janela e aquecia um pouco aquele simples lar, dando conforto aos que lá habitavam.

Prudêncio puxou um banquinho e ficou a velar sua neta. O rosto da moça banhado pelas lágrimas era demais para aquele velho, que pensava ter deixado para trás todas as mazelas que poderiam atingir sua família.

O silêncio reinava naquela moradia, só quebrado pelo pintassilgo, que parecia querer despertar Tereza.

Na casa grande...

— Mãe, onde está Lídia? Escutei um zunzunzum; algo aconteceu?

— Nada que lavado não chegue a um bom termo.

— Não estou entendendo.

— Filho, sua preocupação no momento só deve ser recuperar-se para sair o mais rápido possível desse leito.

— Isso não quer dizer que eu tenha que ficar afastado dos acontecimentos desta casa.

— Se quer mesmo saber, não houve nada de grande importância. Foi só um vestido manchado, que logo será lavado.

— Mãe, você fala por enigmas.

Ela sabia que não precisaria se estender muito, pois logo a dona da história faria seu relato ao filho, e não se demorou nada.

— Bom dia! Dormiu bem? Sinto não ter vindo mais cedo, mas uma de suas empregadas acabou por derramar café em meu vestido. Um desastre!

Eleonora não se conteve, pois Lídia havia escutado o que ela dissera ao esposo.

— Senhorita, como falei a Augustus, Tereza é mais do que uma amiga desta casa. Cresceu junto a Ricardo. Tenho um imenso carinho por ela. Se hoje nos serviu foi pela ajuda que lhe pedi.

— Não, não me expliquei direito... foi um acidente e, quanto ao modo que me referi a ela, sinto ter me equivocado.

Lídia falava tentando dar firmeza as suas palavras, mas, por mais que tivesse tentado, soaram falsas.

— Mãe, por favor, quando trouxer meu desjejum, peça que colham a mais linda rosa e me tragam.

Lídia estufou o peito. Ganhara a questão e Ricardo estava caído de amores por ela.

Eleonora entristeceu. Não. Não era aquela moça que gostaria que compartilhasse com seu filho os caminhos que ele teria que percorrer na Terra, mas, se assim tivesse que ser, quem era ela para interferir. Só poderia rogar a Deus que estivesse equivocada em seu julgamento e Lídia fosse uma boa moça. Deixou os dois a sós e foi providenciar o que fora pedido. Levou a flor pessoalmente. Temeu que junto com a flor estivesse um pedido. De certa maneira acertou, só errou de pessoa.

— Mãe, agradeço-lhe ter providenciado tão rápido meu pedido, mas creio que preciso de um pouco de água para que ela não perca o viço se a pessoa a quem vou dá-la demorar.

Lídia, que já tinha feito pose para recebê-la, ficou estática.

— Posso saber de quem se trata?

— Para uma amiga. Minha mãe lembrou bem. Tenho sido relapso com Tereza. Se você não estivesse aqui, ela seria minha companhia constante.

— Se quiser irei embora. Acho que já me demorei demais.

Ricardo segurou sua mão e viu que tinha sido indelicado.

— Por favor! Se falei claramente de minha amizade por Tereza é porque a considero como igual.

Foi demais para aquela arrogante moça. Igual a uma roceira, sem eira nem beira? Nunca! Mas se aquela caipira pensava que ela deixaria o caminho livre estava muito enganada — pensava Lídia sem deixar que seu rosto a denunciasse.

— Ricardo, tudo foi esclarecido e mais tarde me desculparei com a moça.

— Tereza, quer dizer — completou Ricardo.

— Sim. Não sei por que, não consigo gravar seu nome, mas, se me permite, vou dar um passeio. Adoro o frescor da manhã. Ele me revitaliza e faz com que meu dia seja melhor.

Eleonora, que ainda permanecia no quarto, não pode deixar de dizer:

— O frescor da manhã embalado em orações faz com que fiquemos mais leves. Não é mesmo, meu filho?

— Claro, mãe. Não foi isso que quis dizer Lídia?

— Como me conhece bem, Ricardo!

Ela retirou-se do quarto com um sorriso nos lábios que, logo ao ultrapassar a porta, modificou-se, mostrando ira.

CAPÍTULO • QUATRO

O passeio no lago

Não era bem o frescor da manhã que ela queria encontrar. Como se estivesse passeando, olhando a sua volta, colhendo algo que não deveria, chegou à casa de Tereza.

O silêncio freou seus instintos momentâneos. Ela se perguntava onde estariam todos.

— Bom dia, senhorita! Posso ajudá-la?

Lídia levou um baita susto.

Prudêncio, vendo que sua esposa estava a cochilar e que sua neta ressonava, saiu procurando não fazer barulho e foi fazer reparos atrás da casa, quando viu Lídia se aproximar. Com seus passos vagarosos, não fazia barulho. Esperou que a moça se aproximasse, dando a volta pela casa, chegou por trás dela, e foi isso que a assustou.

— Vim falar com sua neta. Poderia chamá-la, por favor?

— Ela adormeceu, mas, se é de grande importância, vou chamá-la.

— Espero que o faça.

Ela foi categórica e, quando queria alguma coisa, não havia outro momento, tinha que ser de imediato.

Lá se foi Prudêncio fazer o que não gostava: despertar seus dois amores.

— Filha... Tereza... tem alguém querendo lhe falar.

Sua esposa despertou primeiro do sono que a embalava e, antes que a neta despertasse, respondeu por ela.

— Se a chamam na casa grande, ela não irá. Diga a eles que ela dorme a sono solto. Vá, meu velho!

— Quem quer falar-lhe está a nossa porta. Tereza tem que atendê-la.

— Vô, peça que entre, de quem se trata? Tereza falava, espreguiçando-se. Sentia-se bem. Esquecera até como seu dia começou.

Prudêncio, mais rápido do que chegara, foi até a moça e convidou-a a entrar.

— Quero dar um passeio — respondeu ela. Se sua neta não se importar, gostaria de tê-la em companhia.

Sem dar resposta, lá foi Prudêncio levar o recado.

— Filha, não quis lhe falar antes de quem se tratava, mas Lídia pede que a acompanhe em passeio. É melhor ir. Quem sabe ela veio se desculpar?

— Lídia!? Ela pede minha companhia? Vô, o senhor não deve ter escutado direito. Essa moça não me suporta.

— Dê uma chance a ela. Se ela errou e quer se redimir, escute-a.

— Vó, não a conhece. Ela é arrogante, e não creio que tenha vindo se desculpar.

— Filha, não está sendo sensata, o ciúme a cega.

— A senhora é sábia e nunca desdenhei de seus conselhos. Se acha que devo atendê-la...

— Sim, porque sei que tem um coração transbordando de bondade. Tenho certeza que o ódio, a raiva, não tem nele moradia.

Tereza enterneceu-se com palavras tão profundas e carinhosas. Beijou-a, e também ao avô e, alinhando-se, foi encontrar Lídia.

— Sinto tê-la acordado. Mas não pensei que habitantes de uma fazenda voltassem a dormir antes de terminar a lida.

Tereza, ao escutá-la, teve ímpetos de mandá-la embora, mas as palavras de sua avó ainda ecoavam e foi isso que lhe deu serenidade.

— Meu avô disse que precisa de companhia. Quer andar pelos arredores da fazenda? Terei prazer em mostrar. Amo este lugar.

— Então vamos logo, para aproveitarmos este silêncio. Quero ir até o lago.

— Não. Iremos pelas imediações, mas chegar perto só com mais companhia.

— O que teme? Não cresceu neste lugar? Não conhece cada palmo dessa terra? Não estou pedindo para ir lá dar um mergulho. Não sou louca. Sairíamos congeladas. Só estou pedindo para ficarmos a apreciá-lo. O que tem de ruim?

Tereza pensava: e essa agora? De manhã a humilhou e agora...

— Está bem. Se insiste, vamos até lá.

Demoraram a chegar, pois o lago era um pouco distante da casa grande. O certo teria sido ir a cavalo, mas, dado os acontecimentos do dia anterior, era melhor estarem com os pés em terra firme. Quando chegaram, sentaram-se na relva que circundava o lago e ficaram a apreciá-lo.

— Você vem muito aqui com Ricardo?

— Vinha mais quando éramos pequenos. Depois que ele foi estudar na cidade e suas visitas ficaram escassas, ficou difícil.

— Para uma roceira que nunca saiu deste lugar, você fala bem. Usa a língua corretamente.

— Estudei tudo que a escola do lugar poderia me oferecer. Agora ajudo aos demais e leio muito. Ricardo sempre me traz muitos livros.

— Creio que desta vez ele esqueceu.

— Não tem importância. Ainda tenho alguns que não li.

— Gosta dele?

— É meu amigo de infância. Crescer junto com Ricardo foi uma alegria só.

— Parece que você não entendeu que esse tempo de brincadeiras acabou. Já está bem grandinha, está na hora de encontrar um roceiro para formar família.

Lídia estava sendo indelicada, e Tereza não sabia o quanto agüentaria. Levantou-se limpando o vestido e pediu para irem embora. Tinha afazeres em casa e sua avó contava com isso.

— Me deixaria aqui sozinha?

— Não, se me acompanhar de volta.

— Mas não pretendo sair daqui agora.

— Então, sinto muito. Pedirei que algum empregado da fazenda venha lhe fazer companhia.

— Não faria isso!

— Por que não?

— Pedi que me acompanhasse em passeio e você aceitou. Mudou de idéia?

Tereza sentou-se de novo, pois Lídia tinha posto ternura nas palavras.

— Queria muito mergulhar nesse imenso lago, dar fortes braçadas até ficar bem extenuada. Sei que não estou com roupa apropriada, mas, pelo que vejo aqui, é bem deserto. Ela falava começando a tirar peças de vestimenta, e Tereza apavorou-se.

— Não faça isso!

— Calma! Só darei um mergulho. Acha que congelarei?

— O clima não está apropriado para isso. Seria um ato inconseqüente.

— Mas é o que sou, então, não tente me impedir!

— Não o faça! Há muito tempo está proibida a entrada no lago.

— Não é verdade. Está com medo que eu me molhe e diga que a culpa foi sua. Pensando bem...

Lídia colocou as roupas de volta e, sem dar tempo de Tereza segurá-la, mergulhou onde não devia.

— Lídia, não faça isso, é perigoso!

A moça mergulhou com um sorriso, mas agora estava aos gritos. Primeiro Tereza pensou que fosse pela água estar gélida, depois, como ela continuasse a se debater, Tereza viu que acontecera o que temera. Ela estava na parte mais profunda do lago, apesar de não ter se distanciado da margem.

Tereza pensou em buscar ajuda, mas temia que não desse tempo. Teria que improvisar algo. No lago não entraria com certeza, senão seriam duas a pedir ajuda.

Como a poda estava sendo feita e ainda tinha alguns galhos no chão, Tereza o usou para içar a moça. Lídia agarrou-se nele com toda força que lhe restava. Ao chegar à borda, Tereza puxou-a, e caíram as duas extenuadas.

Passado um tempo...

— Viu a loucura que fez?

— Se não tivesse me empurrado, não cairia lá.

— Está louca? Avisei-a para que não fizesse isso. Avisei-a do perigo. Como pode me lançar essa calúnia?

— Eu é que não estou entendendo. Faz o que faz e não se lembra?

Tereza a olhava sem acreditar no que ouvia. Só podia ser um engano. Ninguém em juízo perfeito faria isso.

— Vamos! Me ajude, pois com o peso de minha roupa molhada será difícil caminhar.

— Fique esperando aqui, que logo trarei alguém com cavalos.

— Não se atreva a me deixar só. Em vez de dizer que me jogou no lago por brincadeira, direi que tentou me afogar.

— Senhorita Lídia, não sei o que lhe fiz de mal. Desde que chegou à fazenda, me menospreza. Se não lhe fui simpática, peço que me desculpe. Chegou como amiga de Ricardo e, sendo assim, tenho-a como amiga.

— Nunca! O que pensa que é? Que liberdade é essa? O senhor Augustus não compartilha dessa opinião. Para ele você é mais uma das serviçais da casa. Mas chega de conversa porque estou enregelando. Vamos! Me ajude em vez de ficar falando como se fosse dona deste lugar. Agora sei como faz para receber flores em agradecimento.

— Não entendo o que diz. Deve estar variando. É melhor mesmo nos apressarmos, pois temo por sua saúde.

Andaram lado a lado caladas, e de vez em quando Tereza tinha que auxiliar Lídia, que tropeçava na própria roupa encharcada.

Logo que foram avistadas, vieram em seu auxílio, pois a figura da moça em si só pedia ajuda. Na casa grande logo souberam como vinham as duas moças.

Tanto Eleonora quanto Augustus foram esperá-las.

— Tereza, o que aconteceu?

Eleonora adiantou-se ao esposo, querendo uma explicação para o que via.

Quando Tereza ia começar a falar, foi interrompida por um convulsivo choro.

Lídia era sacudida por tremores, pela roupa molhada grudada no corpo e pelo pranto. Não pranto sentido, e sim encenado. Isso deu tempo a Augustus para interpelá-la.

— Posso saber o que se passou?

— Tereza, creio que a explicação cabe a você.

Antes de a moça começar a falar, Lídia adiantou-se, dirigindo-se a ele, e falou meigamente:

— Deixe-a ir. Já a perdoei. O ciúme foi a alavanca para que me atirasse no lago.

Tereza não acreditava no que estava ouvindo. Sua avó já tinha lhe falado de pessoas que envenenavam outras sem dó nem piedade, mas ela, vivendo naquele pequeno mundo, pensou que essas coisas só existissem na imaginação da avó. Mas agora estava frente a frente com uma situação que parecia inacreditável.

Suas carnes tremiam parecendo querer soltar dos ossos. As pernas bambearam, não querendo mais sustentar o peso largado sobre elas. A tez morena da Tereza macerou-se.

— Senhora, não fiz isso! Não seria capaz! É tudo uma brincadeira da senhorita Lídia.

Augustus, aos gritos, com dedo em riste na direção de Tereza, acusou-a:

— Mente covardemente! Não basta o que fez, ainda acusa a quem deveria servir?

Era demais para Tereza. Pela segunda vez num curto espaço de tempo, correu a se abrigar no colo de quem a protegia dos males da vida.

— Filha, o que houve desta vez?

— Vó, se lhe contasse, não iria acreditar. Fui envolvida numa trama. Se Ricardo acreditar, nunca mais terá olhos para mim.

— Filha, não se aborreça. A verdade é fruto forte que, apesar dos galhos o sacudirem, lá permanece até ser colhido. A sua verdade está lá, logo a descobrirão.

— Deus lhe ouça, vozinha. Deus lhe ouça!

Na casa grande...

— Viu mulher? Sua protegida correu com o rabo entre as pernas. Não a quero mais nesta casa nem para nos servir. Quero que mande chamar Prudêncio. Tenho que esclarecer certos pontos que estão obscuros.

Lídia, que tinha se sentado na escada para continuar sua encenação, foi conduzida aos aposentos por Eleonora, que não sabia o que dizer ou pensar daquela situação toda.

Augustus continuava na varanda com peito estufado, parecendo senhor do mundo. Senhor da verdade. Pobre homem...

Pobre alma... Pensava ter tudo, mas de fato nada possuía. Não o amavam: o temiam. Mesmo quando deitava para descansar e o sono poderia ser reparador, vinham-lhe pesadelos. Seus algozes aproveitavam seu estado de inércia e sugavam-lhe o máximo de energia.

Várias madrugadas fora despertado por Eleonora, para que trocasse as roupas encharcadas pelo suadouro.

Ele ficou na varanda andando de um lado para o outro à espera de Prudêncio. A demora o estava deixando irritado. Ele não sabia que Eleonora ignorou sua ordem. Ela sabia que não era momento para falar com Prudêncio, que há muito os servia e merecia consideração e respeito.

Lídia, assim que foi deixada em seus aposentos e a porta se fechou, jogou-se sobre a cama, parabenizando-se pela parte teatral que lhe coube. As cenas seguintes se desenrolariam por si mesmas.

Augustus, depois de esperar em vão, impacientou-se e foi direto ao quarto do filho. Já adentrou blasfemando e cobrando de Ricardo uma atitude.

— Pai, se o senhor se acalmar posso entender o que se passa. Que houve algo entre ela e Lídia já entendi, mas o que aconteceu de tão grave? Ainda é por causa do vestido manchado?

— Antes fosse! Tereza não se conformou em sujar-lhe sua vestimenta, então tratou de lavar outro com a dona dentro e tudo.

— O senhor quer dizer que Tereza deixou cair água no vestido de Lídia?

— Isso seria pouco para Tereza. Jogou nossa hóspede no lago sem dó nem piedade.

— Não posso acreditar!

— Você é igual a sua mãe. Ainda sonha com carneirinhos saltitantes e vê no céu nuvens em forma de bichinhos.

— Augustus! Você está nervoso e descarrega sua raiva em Ricardo, que não tem culpa de nada.

— Então quem é o culpado? Eu por acaso? Fui eu que dei corda a essa mocinha espevitada que pensa que é dona desta casa e dos arredores?

— Pai, se fala de Tereza, está enganado. Ela é moça simples, sem grandes ambições, que não faria mal a um inseto sequer.

— Talvez goste dos insetos!

— Augustus, está molestando nosso filho. Não sei o que aconteceu no lago, mas não deixei de perceber a expressão de surpresa no rosto de Tereza enquanto Lídia fazia seu relato.

— Medo! Medo da punição.

— Mãe, é melhor levar o pai e ministrar-lhe um chá calmante. Pai, é melhor deixar que eu converse com Lídia, para saber o que realmente aconteceu.

— Blá, blá, blá... é só o que você sabe fazer. Contornar situações para proteger aquela...

— Augustus!

Eleonora sempre fora companheira dedicada, até em ocasiões em que não deveria. Seu semblante estava sempre sereno, suas palavras sempre acolhedoras e confortadoras. Muitas vezes teve que consertar os maus feitos do esposo. Mas agora era demais. Conhecia bem Tereza. Na ausência de Ricardo, ficavam as duas na varanda bordando, e Tereza contava como fora seu dia na escola. Falava de cada criança, das necessidades que tinham, do sofrimento dos pequenos e de como gostaria de ajudá-los mais. O que aconteceu no lago tinha a verdade de cada uma e seria difícil de esclarecer. Não. Não permitiria que injustiças fossem feitas.

— Augustus, você sempre foi um homem severo, mas temente a Deus. Por amor a Ele, não julgue Tereza com superioridade. Tenha certeza da verdade dos fatos.

Uma voz trêmula e quase inaudível fez com que Eleonora calasse.

— Vim me despedir. Sinto ser a causa de desentendimentos.

Ricardo, com certa dificuldade, sentou-se na cama, condoído.

— Lídia, não tem por que ir embora. As férias ainda estão começando. O que aconteceu foi uma lástima, mas tenho certeza que foi um mal-entendido.

Augustus não se conteve:

— Como pode saber se estava longe do que aconteceu?

E, dirigindo-se a Lídia, mudou o tom de voz.

— Sinto que sua estada aqui não tenha sido de grande proveito. O acidente de Ricardo, o derrame em sua roupa e, por fim, o banho no lago. Posso lhe garantir que tudo isso não acontecerá de novo. Tomarei minhas providências e farei com que tenha dias gloriosos.

— Fique, Lídia! Logo sairei desta cama para lhe fazer companhia.

Lídia, que tinha se arrumado com roupa de viagem propositalmente, sem intenção real de fazê-la, arriscou um fraco sorriso. Sentando-se à beira da cama, pegou a mão de Ricardo e exclamou emocionada:

— Obrigada, meu amigo. Tenho plena certeza que os dias que se seguirão serão melhores.

— Então fica?

— Como poderia abandonar meu amigo?

Ela convenceu os dois homens, mas Eleonora sentia algo no ar. Pediu licença, justificando que as ordens do dia estavam em atraso e se retirou do quarto pesarosa.

Poucas vezes foi até a casa dos avós de Tereza. A última vez que lá esteve foi para visitar a dona da casa que se encontrava acamada. Não teve dúvidas do que iria agora fazer lá.

Tereza, da maneira que saiu correndo, não estava bem. Deu as ordens necessárias e, antes que seu esposo pudesse perceber, já estava a caminho.

Na casa de Tereza...

— Sua mãe desde que saiu daqui não mandou uma linha. Se soubéssemos onde ela pousa, poderia ir ao encontro dela, pelo menos por enquanto.

— O que adiantaria? Junto com minha trouxa de roupa, levaria também as mágoas e as injustiças. Sozinhos... sabe bem que não os deixaria. Eu os amo demais! Essa tristeza passará. Sempre escutei da senhora que tudo passa. Esperarei.

— Agora que serenou, fale a esta velha. O que te aborreceu?

Tereza fez o relato, tintim por tintim, sem omitir uma palavra do que foi dito.

—Moça maldosa! Deve ter sido criada com exageros de mimos e nada sabe da vida.

— Exatamente.

As duas levaram um baita susto.

— Desculpe ter entrado sem ter sido convidada, mas a porta estava entreaberta e, quando eu ia me fazer anunciar, escutei o que Tereza lhe falava. Para mim não é surpresa. Só vim até aqui porque queria entender melhor essa história.

— Tereza, por que foi com ela dar essa volta?

— Depois do acidente do desjejum, ela veio até aqui e pediu que eu a acompanhasse em passeio pelos arredores. Parecia arrependida de ter me acusado de entornar café de propósito em seu vestido.

— Como ela caiu no lago? Sabe o quanto certas partes dele são perigosas.

— Senhora, ela queria dar um mergulho apesar da baixa temperatura. Estava tirando a roupa, mas algo que falei fez com que mudasse de idéia e entrasse no lago de roupa e tudo.

— Tereza, não posso nem imaginar que Lídia tenha feito isso de caso pensado para incriminá-la.

— Mas ela fez.

— Meu filho seria o motivo?

— Creio que a senhorita Lídia sente ciúmes de nossa amizade.

— Por que teria? Eles também são amigos ou será que são mais do que isso e não percebi?

Eleonora falou o que Tereza pensava, mas não queria admitir.

Tereza, sentada no chão, parecia uma criança desamparada a quem tinham tirado o doce mais doce que lhe adoçava a vida.

Eleonora, humildemente, sentou-se ao seu lado.

— Senhora, vou buscar um banquinho para que possa sentar-se.

Eleonora segurou seu braço, impedindo-a de fazê-lo.

— Estou bem onde estou. Tereza, você me conhece muito bem e sua avó me conhece melhor ainda. Não gosto de injustiças. Vocês são extensão de minha família. Nunca me senti solitária nas andanças de meu esposo, porque as tinha em companhia. Quando Ricardo foi estudar fora, a saudade era diminuída pelas suas conversas e risadas, lembrando os tempos de outrora. Tempo que não está muito longe. Ainda ontem corriam pelas imediações da fazenda fazendo peraltices. Acha que acreditaria em ato tão selvagem?

— Ela é convincente. Ricardo deve estar me odiando.

— Agora fala como se não conhecesse meu filho. Tereza, logo isso passará. São apenas férias. Não acredito que Ricardo a traga de novo.

A avó de Tereza, que não desgrudava os olhos e ouvidos da conversa, manifestou-se.

— Agradeço por ter vindo, dona Eleonora. Conhece bem minha menina. Não seria capaz de ato tão insano.

— Se eu tivesse dúvida sobre o caráter dela, não estaria aqui. Tereza, até que nossa visita se vá, é melhor evitar um encontro com ela. Quanto a Ricardo, sei que ele tem por você o mesmo sentimento que eu.

— Filha, não se preocupe e não sofra por pequenas pedras colocadas em seu caminho. Elas não ferirão seus pés, só a magoarão e logo passará. Confie em Deus. Confie em sua justiça e bondade.

Tereza pegou a mão da senhora com todo desvelo e beijou-a com sentimento verdadeiro.

Eleonora deixou a casa mais tranquila e ao mesmo tempo muito emocionada.

Foi em direção à casa grande em passadas rápidas, mas, quando pensou em Lídia e no que estaria acontecendo verdadeiramente, diminuiu os passos. Em poucas horas após sua chegada, tantos dissabores.

Agora andando lentamente nem se deu conta de quem a esperava na varanda, bufando, de braços cruzados.

— Eleonora!

A mulher assustou-se tanto que quase foi ao chão ao tropeçar. Não temia o esposo: amava-o. Mas também sabia que ele descontava o que não fazia a ela em quem não tinha culpa nem defesa. Foi recebida por ele com gestos de quem não tinha serenidade. Ele apontava em direção à casa de onde estava vindo e interpelava-a:

— Não me diga que está vindo de onde penso que veio?

— Fui até à casa de Prudêncio. Você disse que não queria mais Tereza em nossa casa. Fui falar-lhe pessoalmente. Não queria que fôssemos mal interpretados.

— O que diz? Se chegue mais, pois o que ouço deve ser uma confusão em meus ouvidos.

— Augustus, não esqueça que temos hóspedes e um filho acamado. Tudo que não precisamos são desentendimentos e energias ruins ocupando nossa casa.

— Lá vem você falando como aquela velha! Essa energia ruim de que fala veio pela manhã com a neta dela. Não a quero mais aqui e tenho dito!

Eleonora não revidou; sabia que não era o momento. Passou por ele e foi direto ao quarto de Ricardo. Precisava falar-lhe de Tereza.

— Mãe, onde estava? Dói ficar nesta cama.

— Vou chamar o médico. Com certeza os medicamentos que ele receitou não estão sendo eficazes.

— Mãe, não são minhas pernas que doem, e sim ficar aqui à espera de notícias sobre o desenrolar dos últimos acontecimentos. Não sei mais o que pensar. Tenho certeza que Tereza não seria capaz de tal disparate, mas Lídia parece tão condoída, não posso acreditar que tenha inventado tudo para incriminar Tereza. Por que o faria?

Eleonora acariciou a cabeça do filho tentando acalmá-lo. A verdade estava diante de seus olhos e ele não via. Era motivo de disputa e não se dava conta disso.

— Filho, farei uma pergunta indiscreta e só me responderá se quiser. Não levarei ao pé da letra, se não quiser abrir-se com sua mãe. Qual é o verdadeiro relacionamento entre você e essa moça da cidade?

— Mãe, o que posso lhe dizer é que a amizade na cidade grande ultrapassa os laços de amizade que você conhece.

— Pelo que entendi...

— Somos grandes amigos — Lídia adentrou ao quarto já fazendo parte da conversa, e o quanto ela escutou Eleonora não sabia.

— Não era o que ia responder, Ricardo? Grandes amigos? — disse Lídia.

Lídia queria continuar sendo tratada como moça recatada que só teria um relacionamento de fato depois das bodas acertadas. Não queria que soubessem que várias vezes dormira no apartamento de Ricardo. Com seus pais não havia segredo, mas sabia como pensava aquele povo que vivia isolado da modernidade.

Eleonora e o filho emudeceram.

— Desculpe, creio que fui inoportuna, mas me sentia tão só em meus aposentos que vim em busca de companhia. Não pude deixar de responder o que com certeza meu amigo teria dito.

Eleonora olhou para o filho e o achou pasmo. Olhando para Lídia, sentiu que era demais naquele quarto.

CAPÍTULO • CINCO

A tempestade muda tudo

Ao ficarem a sós...

— Lídia, você para mim é uma incógnita.

— O que queria? Sua mãe pelo visto morre de amores por sua amiga. Queria que ela pensasse o que de mim? Moça fácil da cidade? Ricardo, se me apresentasse como algo mais...

— Lídia, você esqueceu o que combinamos? Compromisso sério só depois de formados e estabilizados. Se meus pais souberem de uma aproximação maior entre nós, seria bodas na certa.

Era exatamente o que Lídia queria, mas tinha certeza de que, se Ricardo fosse pressionado, lhe escaparia.

Na faculdade muitas moças o rodeavam. Ele era benquisto e afável com todos. Lídia era sua companheira de classe e, para ficar mais tempo com ele, não que realmente precisasse, pediu que ele a ajudasse em algumas matérias, conseguindo freqüentar a casa onde estava instalado.

Quando a amizade avançou, ele logo deixou bem claro que seus estudos estavam em primeiro lugar em sua vida. Apesar de não ser com sacrifício, por terem boa situação financeira, sentia-se em dívida com os pais. Queria dar o melhor a sua carreira para que se sentissem orgulhosos.

Lídia passou a ser uma companheira constante, sem cobrar comprometimento. Ela, astuta, sabia que, se pressionasse, ele escaparia. Ali nos aposentos do rapaz, frente a sua mãe, fez jogada de mestre.

Lídia sentou-se na beirada da cama, pegou sua mão e, com voz morosa, declarou:

— Você sabe o que sinto por você. Mas nossas carreiras estão à frente de qualquer plano. Não foi o que combinamos?

— Você é tão compreensiva. Não sei o que aconteceu entre você e Tereza. Queria dela explicações.

— Creio que sua amiga está com ciúmes. Coitada, já a perdoei. Tenho certeza que foi um ímpeto. Com certeza ela não queria fazer aquilo.

Ricardo ficou mortificado.

O que estaria acontecendo com Tereza? Sempre fora tão serena. Suas risadas eram a alegria daquela fazenda. Por que mudara o comportamento?

Apesar de Lídia estar ao seu lado, Ricardo estava distante. Estava nas corridas até o feno, no esconde-esconde, nas saídas escondidas de casa para ver o alvorecer e depois alimentar as aves.

Sentiu tocar seu ombro e voltou à realidade.

— Ricardo! Vim lhe fazer companhia porque também me sentia só, mas você está disperso e continuo isolada. Estava pensando em alguém em particular? Por acaso uma moça a quem vai entregar esse mimo?

Lídia falava e apontava para a flor desabrochada em todo seu viço, esperando ser entregue a quem de direito.

Ricardo automaticamente a pegou e a ofereceu a Lídia.

— Para mim? Não ia dá-la a Tereza?

— Se você recusar, vou considerar uma desfeita.

— Se quer assim. Mas acho que estou recebendo o que na verdade queria dar a outra.

— Lídia, estou fazendo isso para que ponha um ponto final nas divergências com ela. Você entendeu mal nossa amizade. Crescemos como irmãos, e é assim que nos vemos.

— De sua parte talvez. Mas aceito. Que mulher não gostaria de receber uma rosa?

Da mesma maneira que chegou ao quarto, ela saiu, deixando o rapaz confuso. O que ela queria insinuar?

Um vento forte estremeceu as janelas e também o corpo dele. Estava assustado frente a tantos acontecimentos em tão pouco tempo.

Lídia, assim que saiu dos aposentos dele, foi direto procurar Eleonora. Antes de achá-la, deu de encontro a Augustus, que também a procurava e sempre galanteador...

— Aonde vai essa rosa com outra a tiracolo?

— É lisonjeador. Estou procurando dona Eleonora, preciso de um recipiente com água para colocar em meu quarto. Acabei de recebê-la de Ricardo e quero logo colocá-la na água para que não perca o frescor.

Augustus ficou maravilhado. E ele que pensava que Ricardo havia puxado à mulher. Um sorriso largo estampou-se em seu rosto com esse pensamento fugaz.

— Vamos, não esperemos de Eleonora o que podemos providenciar.

— Falam de mim?

Lídia de pronto colocou a rosa à vista, falando ternamente:

— Água. Um recipiente com água para colocar esta delicada rosa.

— Você a colheu agora?

— Não. Ricardo me ofereceu.

— Ricardo?

Augustus ficou furioso com a expressão de surpresa da esposa.

— Está tonta, mulher? Ricardo é um cavalheiro. Foi o mínimo que pôde fazer, após tanto ultraje que nossa hóspede passou. Ele se antecipou a mim.

Eleonora foi providenciar o que fora pedido sem mais palavras e logo depois foi ao quarto do filho.

— Ricardo, vou até a casa de Tereza. Quero aprender uns pontos de cruz com sua avó. Não quer que eu leve o que você tinha para entregar a ela?

— Mãe, deixe de rodeios e me pergunte logo porque dei a Lídia o que teria que ser dado a Tereza.

— Não queria entrar em sua intimidade. Já é homem feito e senhor de suas particularidades.

— Não queria ser assim para a senhora. Me me veja sempre como o seu menino, que busca seu colo, como o pequeno pássaro busca o ninho.

Eleonora o abraçou, encostando a cabeça em seu peito, como se quisesse guardá-lo das artimanhas da vida.

— Sabia que a encontraria aqui. Ricardo só está impossibilitado de andar, no mais, sua saúde é perfeita. Não o deixe pensar que está doente e acamado — disse Augustus entrando no quarto. O tom de voz era áspero e grosseiro.

— Vá! Deixe-me a sós com Ricardo. Temos que conversar de homem para homem.

O rapaz, temendo que aquelas duas contas marejadas transbordassem, afastou-a com carinho:

— Vá, mãe. Você não ia aprender uns pontos novos? Aproveite e colha umas flores; uma deverá ser especial.

— Rapaz! Quer acabar com meu plantio em pouco tempo? Vá devagar! Terá várias oportunidades para fazê-lo. Não seja impulsivo; ainda bem que vim para orientá-lo.

Eleonora saiu, levando a mensagem do filho para a casa de Tereza.

— Para mim? Pensei que ele tivesse acreditado em quem sabe muito bem fazer uma boa encenação.

— Tereza, ele não sabe o que aconteceu realmente; mas sabe do que você não seria capaz.

— A senhora e seu filho são o lado bom deste lugar. Juntos, conseguem fazer a transformação.

— Tereza, você é uma boa moça. Perdoe meu esposo. Infelizmente, ele só vê o que seus olhos mostram, esquecendo de usar o coração. Oro para que ele perceba que não é o centro de tudo, e sim parte de um todo.

Tereza pegou a mão da senhora e beijou-a com ternura.

— Quem sou eu para julgar e perdoar alguém. O julgamento pertence ao Divino. Quanto ao perdão, quem não comete suas faltas? Não somos seres perfeitos, o perdão deve ser mútuo. Aprendi com minha avó que no coração não deve ter lugar para outro sentimento que não seja o amor. Hoje fiquei assustada, inferiorizada, traída; mas tudo foi lavado da minha alma pelas lágrimas sentidas, transbordadas em meio à oração. Agradeço ao meu amigo essa rosa majestosa. Que a beleza que nela impera também esteja em nossas vidas!

Eleonora abraçou-a, impressionada com o discernimento daquela mocinha que ali fora criada. De ignorante nada tinha. Era sábia em suas palavras.

Os dias que se seguiram transcorreram normalmente. Por vezes Eleonora ia até a casa de Tereza, e a desculpa dada ao esposo era que a velha Emerecilda estava-lhe ensinando novos pontos de bordado.

Augustus, satisfeito com o relacionamento de Lídia e o filho, esquecera de Prudêncio; até porque ele pouco ia até a casa grande.

Certa noite, um forte temporal abateu-se sobre a fazenda. Os trovões sacudiam as janelas e Lídia despertou assombrada. Temerosa com a claridade dos raios que iluminavam seus aposentos, procurou abrigo no quarto de Ricardo. Dessa vez não era encenação; ela estava realmente apavorada.

Ricardo a acolheu, como sempre o fazia quando estavam no Rio de Janeiro. Ela naturalmente deitou-se ao seu lado, esperando a tempestade passar.

Nesse ínterim...

— Mulher, onde vai a essa hora? Não sossega e nem me deixa dormir.

Como sempre acontecia, Augustus pouco dormia e, quando o fazia, era em meio a pesadelos. Já estava acordado, antes de a tormenta começar.

— Vou até o quarto de Ricardo. Se as janelas estiverem abertas, ele não terá como fechá-las.

— Fique aí! Já que me acordou, vou até lá.

Eleonora vestiu rápido seu robe e acompanhou-o. Alegou que Ricardo poderia estar desperto e precisar dos seus préstimos.

Entraram sem bater e deram com a cena inesperada.

Lídia dormia nos braços do rapaz como se fossem já um casal formado.

Enquanto um sorriso desenhou-se no rosto do dono da casa, Eleonora não se conteve:

— Senhorita Lídia?!?

Augustus puxou-a pelo braço para retornarem de onde partiram, mas era tarde.

Lídia deu um salto da cama e fechou seu robe tentando compor-se, enquanto Ricardo ainda meio acordado tentava explicar o que viam, dizendo que não era o que parecia.

Eleonora não se conteve:

— Filho, estou decepcionada. Você desrespeitou este lar. Traiu a confiança de seus pais.

Augustus passou-lhe à frente, interrompendo-a e desdizendo suas palavras.

— Não se preocupem com o fato de minha esposa estar incomodada. Tenham uma boa noite!

Havia sarcasmo em sua voz.

Eleonora foi pega pelo braço e conduzida de volta ao quarto de onde há pouco saíra, tão rápido que nem teve tempo de replicar.

O casal que há pouco fora surpreendido ainda estava estático. Agora sim, parecia peça teatral.

Lídia em pé em frente à janela iluminada pelos raios, parecia esperar sua fala. Ricardo, apesar de não fazer calor, suava aos borbotões, como se fosse estreante.

Na manhã seguinte...

— Bom dia, senhorita Lídia.

Augustus estava eufórico. Seu filho, que pensara ter herdado o jeito da mãe, não o decepcionara. Agora sim, tinha orgulho de seu varão.

A alegria estampada em seu rosto inibiu a moça, que mesmo acostumada com situações diversas não gostaria que a pensassem fútil.

— Bom dia, senhor Augustus. Dona Eleonora ainda dorme? Foi uma noite assustadora.

— Ela já está vindo. Mas o que foi que a assustou? A nossa chegada aos aposentos de Ricardo e ter pego vocês em situação delicada, ou os relâmpagos? Se estamos acostumados com eles, vemos que não são temíveis.

— Augustus, está deixando Lídia sem graça por uma situação imposta pelo medo. Estive agora com Ricardo e ele esclareceu a situação.

Augustus virou uma fera.

— Você foi tomar satisfações e diz que sou inconveniente?

Lídia, apesar de não ser uma flor de candura, estava incomodada com a situação. Estavam ali falando a seu respeito como se ela não estivesse presente. Se o assunto era com os dois, mesmo que a citada fosse ela, não continuaria ali. Pediu licença e retirou-se.

— Viu, mulher, o que acaba de fazer?

— Fui ter antes com nosso filho, porque, se ele desonrou este lar, tem obrigações a cumprir.

— Obrigações? Está variando e temo por sua saúde. Você esqueceu o sexo do nosso filho? Já diziam os antigos: se meu bode está solto, que prendam suas cabras!!!

Eleonora sentou-se, pois estava exaurida. Lidar com Augustus era uma batalha diária. O tempo passava, e ele nada aprendia. Tinha esperanças que dias melhores viriam e que ele repensaria suas atitudes orando, pedindo ajuda, agradecendo, e não blasfemando, ofendendo a Deus.

Ela continuou na varanda sentada, olhar distante, esmorecida, o que não era comum.

Augustus foi falar com Ricardo e encontrou-o acompanhado.

— Não quero interromper o idílio, fiquem à vontade.

— Pai, já expliquei a minha mãe...

Ele nem o deixou terminar:

— Não, não, não! Assunto de vocês não nos diz respeito.

Ele voltou-se em direção à saída, e Lídia não pode deixar de perceber o sorriso malicioso.

Ficando a sós...

— Ricardo, estou me sentindo péssima. Seu pai me olha de um jeito que parece me desnudar. O que pensa que sou? Sou moça de família honrada, estruturada e não uma qualquer.

— Lídia, sinto estar nesta cama impossibilitado de partir. Sua estada nesta casa era para ser agradável e isso não tem acontecido. Pedir que fique, creio eu, é pedir demais. Quanto ao meu pai, não o leve tão a sério. Infelizmente fomos pegos em situação para eles duvidosa, e aí os pensamentos divergem. Por minha mãe, teríamos compromisso firmado imediatamente. Meu pai, você já deve ter percebido como pensa. Deixo-a à vontade. Se quiser partir, pedirei que a levem até a cidade.

— É isso que quer, não é Ricardo? O caminho ficaria livre para suas conquistas rurais.

— Não sei do que fala, mas lembro-lhe que não pode pedir de mim nada que não esteja firmado. Lamento que sua estada em minha casa tenha sido decepcionante. Sabe o quanto lhe quero bem. Somos bons amigos, mas só bons amigos.

— Precisa me lembrar disso a todo momento? Ricardo, você está irritante.

A moça saiu, fazendo questão de bater a porta com toda força que podia. O estrondo ecoou por toda casa e fez o coração de Eleonora disparar.

O que estaria acontecendo? Eleonora rememorou os últimos acontecimentos. Os sentimentos de Tereza para com seu filho eram mais do que os de uma irmã. Lídia demonstrava que ele era mais do que um amigo. E Ricardo dizia ser apenas bom amigo tanto de uma quanto de outra. Acreditava em Ricardo. Ele não mentiria. Desde pequenino era sua confidente e nunca lhe negou ouvidos. Situação constrangedora...

Pegou o xale e foi caminhar. Precisava de ar puro. Precisava colocar os pensamentos em ordem.

— Dona Eleonora?

Com o chamado, seus pensamentos correram campo afora.

— Espere! — Lídia chegou ofegante pela corrida.

— Me permite acompanhá-la? Preciso falar-lhe, não quero que pense mal de minha pessoa.

— Vou caminhar um pouco. Andar em companhia é sempre agradável.

— Desculpe a intromissão, mas mais de uma vez sou motivo de discussão entre a senhora e o senhor Augustus. Quero que me perdoe. Em parte, o que Ricardo falou é verdade: eu estava aterrorizada com os relâmpagos e o bater das janelas.

— Você disse em parte. Posso saber o que ele não me contou ou seria uma indiscrição?

— Temos um pacto. Só assumir nosso comprometimento depois de formados. Os senhores já investiram muito em sua carreira e ele teme decepcioná-los. Dedicação total aos estudos é o que esperam dele; então...

Lídia falava mansamente. Olhos pregados no chão como se estivesse envergonhada. Eleonora ficou cativada.

— Filha, me permite chamá-la assim?

A moça assentiu com a cabeça, e Eleonora continuou:

— O que esperamos de nosso filho é que tenha hombridade. O desejamos formado e cumpridor honrado das leis de Deus e dos homens. Meu filho sempre foi dedicado aos estudos. Nada imposto. Só fizemos ajudá-lo a realizar o que almejava. Se temos condições, porque não ajudaríamos? Nada lhe é cobrado. Se caminhando junto com os estudos estiver compromisso firmado, só podemos concordar. Mas o que sua família acha sobre isso? Não leve como uma crítica, mas devem ser muito modernos para deixá-la viajar sozinha com um rapaz.

— Não é bem assim. Pensam que estou viajando com a família de minha melhor amiga, freqüentadora de minha casa.

— Enganou-os?

— Foi errado, eu sei. Mas amo demais seu filho. Queria acompanhá-lo em viagem e não me seria permitido.

— Mas em contrapartida abusou da confiança que lhe foi depositada. Já parou para pensar na decepção de seus pais ao descobrirem?

Lídia teve vontade de gritar que era independente, dona de seus atos. Que na sua família cada um se preocupava com o próprio nariz, esquecendo do próximo. As poucas vezes que conseguia um diálogo mais extenso com a mãe era para contar detalhes das festas luxuosas e das pessoas importantes que as freqüentavam, fazendo ver o quanto eram especiais por serem convidados. Nada era mais importante do que as roupas finas que usavam e a impecabilidade do librés dos empregados.

Lídia era fruto de uma família desestruturada moralmente. O pai dizia que perder muito tempo dentro de casa era dinheiro que se esvaia por negócios não fechados. A casa, imponente com seus vastos jardins, abrigava uma família e numerosos empregados, mas ali não habitava a felicidade.

Voltando às duas...

Eleonora mais uma vez condoeu-se. Arrependeu-se das duras palavras ao ver rolar pelo rosto da bela moça lágrimas que pareciam sentidas. Pegou-a pelo braço e a foi afagando pelo caminho.

Alguém as observava, e o ciúme mais uma vez foi vencedor.

— Tereza, não ia dar um passeio para espairecer?

— Perdi a vontade. Vivemos em um mundo de enganos. Quem mente, esnoba e tem um coração frívolo vence todas as barreiras. O que importa mesmo é a posição que ocupa e o dinheiro que traz na carteira.

— Não sei de quem você está falando, mas estou assustada com o tom de sua voz. Tereza, não deixe o ciúme corroer o que há de bom em você. O que disse agora não é verdade.

— Como não é, minha avó? Acabei de ver dona Eleonora de braço dado com aquela que me incriminou. O que ela me fez foi esquecido. Então devo crer que a palavra dela foi a que valeu. Vó, vamos embora daqui! Tenho meus presságios.

— Ir para onde, filha de Deus? Estamos velhos, cansados. Quem nos abrigaria? Sua mãe? Não sabemos ao certo onde está. Já pensou na tristeza de seu avô ao deixar este lugar?

— Nada aqui lhe pertence, do que sentiria falta?

— Das manhãs calmas, do cantar de passarinhos apreciado de sua cadeira na varanda. De sua pequena horta, dos pequenos consertos nos buracos da casa, dos empregados amigos.

— Isso ele teria em qualquer lugar.

— Não, Tereza. Ele ama este lugar. Morreria de tristeza se fosse embora daqui. Mas, se acha que está pesado demais seu fardo, faça como sua mãe: procure novos horizontes. Seu avô tem um pé de meia, pouca coisa, mas dará para encontrar um lugar para você pousar. Você tem a prática do ensino e poderá usá-la em qualquer lugar.

— Sem vocês, não irei a lugar nenhum. Eu morreria de inanição, porque sua sabedoria me alimenta.

A avó a abraçou e temeu por Tereza, quando o Senhor a chamasse.

— Filha minha. Pode-se gostar de uma bela flor, admirá-la sem colhê-la. Ela, colocada fora de seu ambiente natural, não resistirá e acabará por sucumbir.

— Está falando de mim e do meu amor por Ricardo?

— Você entendeu bem. Aquele não é seu mundo. Tem outra história. Esqueceu-se das crianças que eram sua primeira preocupação?

— Como poderia? Convivo com elas e sei dos seus anseios e tristezas.

— Então, minha filha. Dedique-se a isso. Faça disso prioridade em sua vida. Cada criança que puder ajudar a fazer sorrir será para você um dia ensolarado por Deus. Sentirá conforto e não pensará em desilusões.

— Sou mesmo uma tola. Tanta coisa acontecendo nesse mundão e fico me achando uma pobre infeliz. Perdoe-me! Mesmo em férias, sei que tem crianças que vão à escolinha, porque lá encontrarão o prato de sopa quentinha: a única refeição do dia.

— Vá, faça isso e se sentirá melhor. Se ficar se mortificando, essa energia tomará conta de seu ser. Pense nas crianças, que ainda em tenra idade estão arando a terra, plantando e já usando facas de corte no que não vão comer. Filha, faça com que sua vida valha a pena.

— Sabe, vó, tenho vocês como companhia, mas às vezes me sinto tão só. Queria casar, ter filhos, um esposo chegando da labuta e eu a esperá-lo perfumada, com a mesa posta e o cheirinho da comida cobrindo todo o ambiente.

— Você acabou de dar a resposta para seu caminho. O que espera não pode estar relacionado a quem estuda na cidade grande e, logo que formado, aqui não voltará mais.

— A senhora é sábia. O que seria de mim sem seus conselhos. Irei agora mesmo me ocupar e ocupar o tempo de quem precisa. Quando estou com elas, esqueço as agruras da vida.

— Vá, filha. O sol está no céu radiante. Sinta seu calor e a presença de Deus em seu caminho.

Tereza pegou um agasalho, pois o vento soprava sobre a casa, e seu assobio avisava sobre o tempo.

Quando colocou os pés fora de casa e pediu as bênçãos dos céus para um dia tranqüilo, sentiu o que sua avó falara. Um calor invadiu-a como se o sol estivesse em toda sua plenitude e não escondido em grossas nuvens.

CAPÍTULO • SEIS

Os desabrigados

Chegando à escolinha...

— Bom dia, Tereza! Que bons ventos a trazem? Por acaso algum pássaro lhe contou que estávamos precisando de ajuda? Sabe aquelas crianças que moram ao pé do grande barranco? Estão desabrigadas. A chuva fina que cortou a madrugada desceu o barranco sobre a casa. Graças a Deus todos sobreviveram. Tivemos que alojá-los, pois nada sobrou de seus pertences, que já eram escassos. Os seis pequenos parece que têm fome de cem dias.

Era uma enxurrada de palavras, que a mulher mal parecia respirar.

Tereza sentou-se e esperou que acabasse o relato para ver por onde começaria. Tudo que aconteceu antes ficou do lado de fora e se tornou pequeno diante da situação em que aquelas pessoas se encontravam. Em encarnação anterior, Tereza havia sido enfermeira em situações de combate. Doava mais que seu tempo; sensibilizava-se com as dores de seus irmãos e oferecia, junto com os medicamentos, o bálsamo do amor que exalava de seu coração. Ajudar ao próximo ainda era sua meta. Esquecia suas dores com as dores do mundo. Logo estava participando da integração das crianças na nova realidade: eles perderam suas casas, mas estavam abrigados.

A escolinha era precária para lá permanecerem; necessitavam de mais alimentos, vestimentas e cobertas, pois o lugar não fora planejado para alguém permanecer lá à noite. O espaço entre o telhado e as paredes que o sustentavam deixava passar o sol que clareava o ambiente, mas também deixava entrada para o frio e às vezes algum animal perdido em busca de comida.

Os responsáveis pela escolinha reuniram-se para dar solução às necessidades imediatas.

Tereza era participante em todas as áreas. Acudiu as crianças que choravam, ainda perturbadas pelo que acontecera. Dava-lhes alimento e idéias de como poderiam ser sanadas as primeiras necessidades.

— Cada um de nós conhece alguém que tem mais do que esses pobres necessitados. Um a um vamos sair e tentar ver o que conseguimos. Com certeza, muitos já tomaram conhecimento da tragédia que se abateu sobre esta família e ficarão sensibilizados quando souberem por um de nós da real situação.

Tereza foi até aplaudida. Era sensato; não iriam mendigar, e sim pedir ajuda para quem não tinha como se manter.

— Tereza, vá primeiro. Como você é a idealizadora do projeto, é justo que o inicie.

Tereza rapidamente fez uma avaliação do que teria em casa e deu-se conta de que era insuficiente. Roupas, tamanho inadequado, agasalhos, só para os dois adultos. Na casa de Tereza nada faltava, mas também não sobrava. O avô plantava e colhia o que os mantinha. O que necessitavam a mais era comprado em uma tendinha na estrada. O que ele recebia de ordenado era pouco, mas muito pouco também eram as exigências da vida que viviam; por isso, falou a avó do tal pé de meia. Fazendo a contagem do que poderia dispor, Tereza chegou em casa sem se dar conta do caminho percorrido.

— Já voltou, menina? Sua avó me falou que demoraria; e eis que chega sem dar tempo de sentirmos sua falta.

— Oh, vozinho, vim aqui pedir ajuda.

— Está em aflição? O avô veio abraçá-la, já preocupado. Ficou a par das situações ocorridas com a neta e temia a reação de seu patrão.

— Estou bem. Às vezes, pensamos que a vida que vivemos nos é injusta, porque não temos olhos para olhar ao redor. Tantos precisam de ajuda e às vezes ficamos nos mortificando por algo ou alguma situação da qual achamos não sermos merecedores. O que sabemos nós, não é vozinho?

— Filha minha, esse trololó todo nos leva aonde?

— Aos desabrigados da noite passada. Estão na escolinha e precisam de ajuda. Falta o básico para que lá se mantenham até acharem um abrigo melhor.

O velho a escutava atento e lembrou-se do zunzunzum que corria sobre a casa soterrada pelo barranco, que não suportou a drenagem em suas terras.

— Em que podemos ajudar? Se veio até aqui é porque já tem intenção de tanto.

— Sei que não temos muito, mas algumas cobertas não farão falta. Será que sobrou algo da colheita de hoje?

— Tereza, você é um anjo em nossa terra de aflições. Passou um mau bocado e, em vez de ficar com sentimentos raivosos, ajuda seu semelhante.

— Devo isso a vocês. O que sei e o que sou é fruto de sua árvore. Desde pequena ouço e assimilo seus ensinamentos. Minha avó e o senhor são sábios; só lamento minha mãe não tê-los escutado.

— Ela quis conhecer outro mundo, como meus outros filhos. Quando não estamos bem, nenhum lugar nesse mundo de meu Deus é bom. Mas, voltando ao que veio buscar, espere só um momento.

Em vez de ficar fora de casa esperando, foi ter com a avó que já estava a par de tudo.

Quando ouviu a voz da neta preocupou-se; ia até ela e escutou-a confabular com o avô. Não quis interromper, mas não deixou de escutar o que ocorria.

— Tereza, os retalhos que tenho ganho da senhora Eleonora fui emendando e deram boas cobertas. Pode levá-las todas.

Com seu jeitinho gracioso e o sorriso estampado no rosto, Tereza agradeceu beijando-lhe a face e acariciando seus embranquecidos cabelos.

— Pronto, menina. Aqui está minha contribuição.

Dois chapéus já rotos foram colocados em sua mão.

Ao pegá-los, Tereza sentiu pelo peso que ali havia algo a mais. Ali estava o que o avô lhe falara:

— Vozinho, do que se trata? — disse Tereza, deixando os chapéus de lado e sacudindo o que tilintava.

— Não pediu ajuda? Dessas economias, eu e sua avó com certeza não precisaremos. Já passamos da metade do caminho e pouco precisaremos para o encontro maior. Continuei essa reserva por você e, como desde já lhe pertence, use-a como lhe aprouver.

Tereza recusou veementemente.

— Não, vô. Não poderei dispor desse dinheiro; se alguém desta casa adoecer, como faremos para trazer o doutor até aqui? Implorando seus préstimos? Sabe muito bem que ele não recusa atendimento desde que coloquem o dinheiro primeiro.

— Filha minha, como lhe falei, isto lhe pertence; deixei alguns trocados para as emergências. Não pense que este velho é tolo. Vá! Use o que for preciso e guarde com você o restante.

Tereza ficou emocionada. Tinha certeza de que o avô guardara um pouco dos ganhos por anos a fio por ela.

— Com certeza será de grande ajuda e poderei usar no que não conseguirmos. Vó, acha que dona Eleonora viria até aqui? A pedido dela, enquanto a moça Lídia estiver por essas bandas, não irei à casa grande; mas como poderei lhe falar?

— Deixe com este velho; irei até lá e pedirei que venha até aqui.

— Se o senhor Augustus estiver presente, não permitirá que venha.

— Direi que sua avó a chama para ver uns bordados novos.

Tereza abraçou o avô, beijou sua testa, e ele afastou-se emocionado.

Tinha orgulho de sua menina. Tudo faria para preservá-la de dissabores.

Nem bem o avô se afastara e ela já estava providenciando o que sua avó lhe dissera poder dispor. Fez uma trouxa e colocou à porta de casa.

Quando Eleonora chegou, levou um baita susto.

— Tereza, não me diga que está indo embora? Sua mãe deu notícias? Vai encontrá-la? Ricardo ficará pesaroso. Se foi algo que eu disse em nossa conversa, vamos sentar e tentarei demovê-la dessa idéia.

— Calma, dona Eleonora. Meu avô de certo não lhe explicou por que pedi que viesse. Essa trouxa que a senhora vê é para levar aos desabrigados, que estão por hora na escolinha.

Eleonora relaxou. Tinha grande apreço por Tereza; viu-a nascer e crescer por aquelas terras. Se não fosse Augustus, teria mais contato; mas isso não impediu que entre elas existisse uma forte amizade.

— Tereza, me deu um susto! Mas fale, em que posso ser útil?

E Tereza narrou as condições em que aquelas pobres pessoas estavam.

— Irei imediatamente buscar alguns alimentos. A despensa está mais do que abastecida, então não fará falta o que for dividido. No mais, verei o que posso arranjar.

— Sabia que podia contar com sua ajuda. Deus a recompensará!

— Tereza, o que seríamos se não ajudássemos ao próximo? Todos precisam de ajuda, seja material ou de orações que edificam nosso espírito.

— Dona Emerecilda ajudou-me inúmeras vezes quando o desespero bateu a minha porta. Mas deixemos a conversa para depois e me permita providenciar o prometido. Prudêncio, peço que chame um peão, atrele a carroça, pois seria injusto deixar esta linda moça carregar tanto peso.

Ela falou em tom jocoso e aliviou o ambiente. Ao retornar à casa grande, Eleonora deu com seu marido:

— O que foi fazer na casa de nossos empregados? Não me diga que foi ver bordados, porque, se de tanto, terá peças e peças para vender.

— Não desta vez. Estão arrecadando o que poderá servir aos desabrigados. Você sabia que na noite do temporal o barranco desceu sobre uma casa?

— Mas não houve feridos. Quem mandou aquelas bestas construírem bem embaixo do barranco? Já haviam sido avisados. Sorte minha a máquina não ter ido junto.

— Creio que não estamos falando da mesma coisa. De qual barranco você fala... máquinas?!

— Deixa pra lá, mulher! Sabe muito bem que não gosto que interfira em meus assuntos.

E mais uma vez ele saiu em passadas fortes, dando por terminada a conversa. Eleonora ficou intrigada. Foi rápido providenciar o que seria de ajuda e deu de encontro a Lídia.

— Dona Eleonora, estava procurando a senhora. Desculpe, não deixei de ouvir sobre uns desabrigados. Posso ser útil em alguma coisa?

— Em boa hora, minha filha. Venha comigo e lhe colocarei a par da situação.

Roupas foram separadas que serviriam ao casal desabrigado. Eleonora foi até um velho baú e de lá retirou diversas peças, em vários tamanhos, que teriam pertencido a Ricardo e estavam guardadas com o maior zelo.

— Que lindas, dona Eleonora! Que tecidos finos! E os bordados, foram feitos pela senhora?

— Não. Quem os fez tem mãos de fada. Dona Emerecilda é responsável por essa arte. Mas coloque tudo em um saco, que na escolinha separarão por tamanho.

— Vai se desfazer dessas peças? Não saberão nem como usá-las.

A observação foi tola, e Lídia não se deu conta.

— Lídia, não importa se são de seda ou algodão. O importante é que cubram alguém e resguardem do frio. Há tempos deveria ter feito isso, mas quem sabe a hora é essa?

Lídia ensacava as roupas e não entendeu como poderiam roupas tão finas irem parar em mãos tão rudes.

Os pensamentos de Lídia estavam acima de qualquer sentimento de caridade. Erro de criação. Nada de bom lhe foi ensinado, só escutava seus pais falarem que nessa vida existem dois lados: os ricos e os pobres. Misturarem-se seria o caos. A bancarrota de todo homem rico era por não saber diferenciar. Fortuna era dada aos merecedores e mendigava quem o merecia. Misturarem-se, jamais.

Lídia desde pequena ouvia isso dos pais. Se um brinquedo quebrava, o lixo era o destino certo; os que não queria mais, por estar cansada demais deles, eram colocados em um sótão e ali permaneciam, às pilhas.

Olhava os empregados como se estivesse sempre degraus acima. Era ríspida com eles e aos seus filhos nem um olhar dirigia.

Quantas vezes quando ainda era pequena os escutava cantar e as gargalhadas ressoavam longe. Tinha vontade de se juntar a eles e participar de toda aquela alegria; mas logo lembrava quem eram e ia em busca de um livro. Se isolava, viajando nas histórias lidas.

Pobre criança, pobre ser! Pensava que tinha fortuna e o tesouro maior estava longe de possuir.

C A P Í T U L O • S E T E

O compromisso

Mas voltando à casa grande...

— Lídia, minha filha, termine de ensacar, separando o que for de uso pessoal e o que poderá servir a todos, enquanto vou ter com meu filho. Se ele não pode no momento ajudar com trabalho, com certeza dará idéias e será de grande valia.

Lídia não gostou nada. Não estava acostumada a servir, e sim ser servida; mas continuaria a atuar, quem sabe seria o último ato, antes do compromisso acertado. Conquistar Eleonora era a chave que abriria as portas para o provável casório.

— Mãe, Lídia está ajudando você? Me surpreende. Tenho-a como amiga, mas achava-a fútil e alheia às necessidades alheias.

— Parece ser uma boa moça. Apesar dos últimos acontecimentos dizerem contra ela, tudo não deve ter passado de grandes enganos. Seria uma esposa ideal para você. Vocês têm os mesmos ideais, gostam de cidade grande, são de boas famílias. Seu pai faria gosto.

Ricardo levou um susto. Casamento não estava em seus planos. Queria se dedicar à carreira que abraçara e família formada significava dedicação dividida.

— Mãe, não misture as coisas. Lídia é apenas uma boa amiga.

— Não foi o que soube. Você não está me escondendo algo?

— Ela lhe contou alguma coisa que diz respeito ao nosso relacionamento?

Eleonora lembrou-se de que a moça pedira segredo e desconversou:

— Não leve tão a sério; só joguei a vara porque estava querendo pescar.

— Mãe, voltemos à realidade do momento; o que é mesmo que você queria de mim?

E tudo a ele foi narrado, inclusive quem estava à frente de tudo.

— Tereza e seu coração de ouro! Mãe, sinto falta de sua presença, estará aborrecida comigo?

— Desculpe, filho. Eu que pedi que por hora ficasse afastada. Seu pai anda irritado pelos últimos acontecimentos e a culpa por tudo.

— Mãe, queria poder sair deste leito e trazer a verdade à tona. Tereza seria incapaz das atitudes que caem sobre seus ombros, mas Lídia pareceu-me tão sincera, tão consternada. Queria me levantar, mas sinto dores quando tento fazê-lo; só posso mesmo é aceitar e relaxar. Mas, voltando aos pobres desabrigados, vi onde estavam alojados. O lugar não parecia oferecer perigo, a não ser...

— O que foi? O que você viu?

— Nada, mãe, só pensamentos. Mãe, apesar dos pesares, peça que Tereza venha me falar. Sei de alguém que poderá fazer muito por esses pobres nem que seja por estar pressionado.

— Ricardo, você não está falando coisa com coisa. Deve estar febril.

Eleonora colocou a mão sobre sua testa e constatou que não havia febre ali. Estava até a suar, o que não deveria acontecer num dia frio.

Tereza atendeu ao chamado de seu amigo e, quando estava à frente da casa, lembrou da recomendação: entrada de serviçais, pela porta dos fundos.

— Tereza! Onde vai? Arrependeu-se de ter vindo? Ricardo quer falar com você.

— Vim para falar com ele; só ia dar a volta para entrar.

Dona Eleonora desceu as escadas indo ao seu encontro:

— Desde quando entra pela porta dos fundos?

— Desde que o senhor Augustus proibiu-me a entrada pela frente da casa. Mas não se importe porque para mim não faz diferença. As duas entradas levam ao mesmo destino.

— Injustiça, Tereza! Não posso permitir. Você foi criada sem diferenças e assim continuará. Não leve ao pé da letra o que

Augustus diz. Com certeza falou sem pensar. Vamos, meu filho a espera.

Eleonora deu-lhe o braço e adentrou, conduzindo-a com firmeza.

Quando ela entrou no quarto, os olhos do rapaz brilharam.

— Tereza, minha pequena. Me abandonou quando mais precisava de uma amiga.

— Não seja tolo. Fala como um rapaz mimado.

Tereza puxou uma cadeira e sentou-se ao seu lado.

— Quer me falar? O que será de tão urgente? Estou deveras atrapalhada com tantas obrigações a cumprir. Terá de ser breve.

— Mãe, a senhora nos daria licença?

Eleonora fez sinal com a mão que não adiantaria replicar e deixou os dois a sós.

— Minha irmãzinha! Tantos acontecimentos e eu aqui entrevado. Perdoe este seu amigo por não estar ao seu lado, mas acho que por hora posso ajudá-la a ajudar quem precisa de nossos préstimos. Vá falar a meu pai; fale do acontecido e das obrigações de quem, de certo modo, contribuiu para a catástrofe.

— Ricardo, você sabe muito bem que seu pai nem me dirige a palavra. Não creio que ele vá se preocupar com as pessoas que necessitam de ajuda; e de mais a mais a natureza foi a grande culpada; isso sem falar que eles foram avisados de que moradia perto do barranco era perigo iminente.

— Tereza, não posso lhe falar mais, mas tenho certeza de que meu pai não se negará a ajudar.

— Por que não fez esse pedido a sua mãe?

— Tem que ser alguém atuante. Que esteja à frente da situação.

— Ele não me dará ouvidos. Pensa que sou culpada do que me acusam.

— Minha amiga, não sei de fato o que aconteceu, só sei que você é incapaz de fazer mal a quem quer que seja. Houve um mal-entendido, e eu aqui sem poder andar, não pude ir até você. Se Lídia lhe fez algum mal, peço que a perdoe. Às vezes as brincadeiras são mal interpretadas.

— Brincadeiras? Ricardo! Me ofende falando desse jeito.

— Desculpe a intromissão; mas Ricardo tem razão. Deixemos de lado as desavenças. Vamos fazer de conta que tudo não passou de uma brincadeira — disse Lídia entrando de repente no quarto.

Ela falava suavemente e esticou a mão em direção a Tereza. Essa nem percebeu o gesto. Estava pasma. Seus pensamentos se atropelavam: será que Lídia era perturbada? Seria mais uma encenação? Estava sendo verdadeira ou era mais uma armadilha? Não. Dessa vez não cairia.

Deixou o quarto sem mesmo se despedir, e Lídia ficou com a mão estendida no ar.

— Ricardo, você viu que eu tentei, mas essa caipira...

O rapaz nem escutou o que Lídia falava. Estava estupefato com o procedimento de Tereza.

Ao sair do quarto, a moça topou com quem não queria encontrar:

— Está perdida? Está fora dos limites da cozinha.

Sem se dar conta, Tereza respondeu com a pergunta que havia dito a Ricardo que faria:

— Vim angariar recursos para uma família de desabrigados. Aquela que residia bem abaixo do barranco. Por hora, estão abrigados na escolinha, mas não poderá ser por muito tempo. Teria como ajudá-los? Me disseram que o senhor não se negaria.

Augustus ficou pálido, depois vermelhão, e se pôs a tossir como se tivesse engasgado.

Tereza bateu-lhe nas costas, pois o homem parecia entalado. Com o escarcéu feito por ele, logo apareceu quem poderia ajudar.

— Augustus! Venha, vamos sentar. Tereza, minha filha, pegue um pouco de água com umas gotinhas de mel. Isso o acalmará.

— Augustus, não falei que deixar a janela aberta toda a madrugada e ainda mais dormir sem camisa lhe faria mal?

Foi ela acabar de falar e o homem voltar a ter outro acesso. Ele parecia querer falar, mas não conseguia. O que era para ser passageiro tornou-se crônico.

Nos dias que se seguiram, ele quase não pôde falar; sempre que procurava fazê-lo, parecia que ia estourar de tanto tossir.

Logo no dia seguinte, os responsáveis da escolinha receberam uma carta do senhor Augustus, que dizia estar ele sensibilizado pelo sofrimento imposto àquelas pessoas e por isso oferecia um galpão que fora da época da colheita. Ficava quase vazio, daria para abrigar quem estava sem teto. Dizia ele na carta que mandaria construir perto do lago uma casinha simples, mas que daria para acolhê-los bem. Dizia também que o chefe da família poderia ainda trabalhar na fazenda, cuidando do lago.

A alegria foi geral. Todos comentavam sobre a bondade daquele homem.

Quisera que fosse mesmo assim, que a bondade imperasse por um coração enternecido pelo sofrimento do irmão; mas era somente medo das conseqüências. Há muito que Augustus estava de olho nas terras que faziam divisas às suas. Essas iam até um certo barranco. Diziam pertencer a um arrendador de terras, mas ele esperou por anos que alguém lá aparecesse, mas ninguém veio tomar posse. Esperto como era, ou que pensava ser, mandou que seus peões limpassem a área e lá desse seguimento ao plantio; o que ele não esperava é que fossem com as máquinas até a beirada e a chuva torrencial fizesse com que o barranco despencasse.

Mas continuando na escolinha...

— Tereza, você merece aplausos. Saiu para arrecadar roupas e alimentos e conseguiu muito mais do que isso.

Quem lhe falava era a responsável pelo lugar. Uma viúva que cedera parte de suas terras para que ali fosse instalada a escolinha, dando chance àquelas pessoas de terem mais conhecimento. Quantas vezes, coitados, borravam seus dedos e colocavam como assinatura. Os poderosos fazendeiros, com essa ingênua assinatura, tinham mão-de-obra a custo de alimentação. Trabalhavam e recebiam seu quinhão de comida. Quando reclamavam, o papel timbrado era mostrado e o coitado calava. O tronco com a argola pendurada onde sofreram horrores os escravos fora abandonado, mas usavam de uma artimanha e a escravidão se fazia com tinta e no papel um borrão.

Na casa grande...

— Augustus, você foi generoso. Deus seja louvado!

— Do que está falando, mulher? Parece uma abelha zumbindo no meu ouvido. Me pegou num mau dia; não estou para trololó.

Dito isso, saiu dando de encontrão a tudo que encontrava pela frente.

Eleonora ficou sem entender. Queria elogiar seu feito, e a reação foi surpreendente. Foi à procura do filho, e a atitude do esposo ficou mais clara.

— Mãe, ele não o fez por bondade e nem por sentir-se culpado. Está usando o que não lhe dá direito ao uso, então...

— Bem que fiquei surpresa. Nunca consegui amolecer o coração de seu pai com as necessidades alheias, pelo contrário, recebia críticas se ajudava alguém.

—Filho, quanto tempo ainda terá que ficar nessa cama? Logo acabarão as férias e sua amiga nem conheceu as belezas do lugar.

— Ainda sinto dores. Mas a senhora poderia levá-la. Contava com Tereza, mas creio que minha boa amiga está enciumada.

— Ricardo, você é um rapaz experiente, já tem um bom caminho da vida. Gosta mesmo de Tereza apenas como uma amiga?

— Mãe, não poderia ser diferente. Crescemos como irmãos e assim nos amamos. Dois seres não podem se amar sem comprometimento oficial?

— Será que ela pensa do mesmo jeito?

— Mãe, está imaginando frutos em árvores que somente darão sombra.

— E Lídia? Você não acha que está querendo sombra demais?

O rapaz deu uma sonora gargalhada, que ecoou nos quatro cantos da casa.

Ricardo parecia aquela criança que corria para se safar dos banhos.

— Não pode brincar com os sentimentos das duas.

— Mãe, você volta sempre ao mesmo ponto. Me acha irresponsável?

— Filho, sei bem quem tenho a minha frente, mas, quando se trata de moças, a história é sempre a mesma. Diz seu pai que você é parecido comigo, mas só se for em aparência.

— Mãe! Voltou ao mesmo ponto. O que quer realmente que eu faça? Que peça Lídia em casamento? O assunto era meu pai, depois Tereza, agora casamento.

Nesse instante entra no quarto quem há muito escutava a conversa dos dois.

— Terá por essas bandas, como vocês dizem, algum casório? Adoro essa cerimônia! Sempre sonhei com longas caudas e véus enormes, parecendo espumas flutuantes. Desculpe, estou sempre interrompendo, o que não deveria fazer. Dona Eleonora, desculpe, não foi essa a rigorosa educação que recebi, mas fico a perambular pelos corredores e, quando ouço vozes, é sempre animador.

— Se chegue, minha filha; estava mesmo falando de você...

— Mãe!

— Bem, vou deixá-los a sós. Tenho algumas ordens a dar e, como diz Augustus, chega de trololó.

Ela saiu, deixando o filho numa saia justa.

— Então, falavam sobre minha pessoa?

— Brincadeira de minha mãe.

— Ricardo, sei que você nunca me prometeu nada. Sei que o nosso relacionamento é aberto, mas não gosta mesmo nem um pouquinho de mim?

— Lídia, creio que esse não é o momento.

Os olhos de Lídia brilharam. As lágrimas forçadas desceram por sua face e Ricardo se arrependeu das palavras que dissera.

— Lídia, sempre me disse que era moderna e que compromisso sério não era para você. Isso me encantou, pois não pensei que duas pessoas de sexo diferentes pudessem viver sob o mesmo teto sem aliança nos dedos. Mas, se casamento a faz feliz, pode anunciar aos quatro ventos nosso relacionamento e marque as bodas.

— Ricardo, você brinca com meus sentimentos e olhe que eles são tão puros quanto o choro de um recém-nascido.

Ela falava meigamente, mas com uma vontade enorme de sair correndo para anunciar as boas novas.

— Está falando sério? Ricardo, você está brincando e não o perdoarei por isso.

— Sou um homem de palavra. Vá! Diga a minha mãe que prepare os festejos, que logo sairei desta cama para nos casarmos.

Se Ricardo pensava voltar atrás em sua palavra empenhada, ficou impossível.

— Filho! Só uma notícia como essa poderia me tirar deste ostracismo em que me encontro – disse Augustus ao saber do fato.

Pronto. A festa tinha começado antes mesmo do sanfoneiro se dar conta que tinham começado os acordes.

Augustus abraçava Lídia efusivamente, enquanto o rapaz se refazia do susto.

Depois desse episódio, uma semana se passou...

Uma buzina estridente anunciava a chegada de mais visitantes. Dessa vez Prudêncio se esquivou da tarefa e mandou um meninote fazer o serviço.

Na casa grande era um alvoroço só. Ricardo já caminhava com muletas, e a família de Lídia foi chamada para um pedido de casamento informal.

Augustus desde cedo se preparava para recebê-los. Passava à frente de Eleonora nas ordens a serem dadas aos empregados. Ele mesmo queria verificar se tudo estava a contento. Se arrumou com esmero e foi para a varanda esperar os ilustres hóspedes. Quando soou a buzina ao longe, ele quase não conseguia respirar de tão eufórico. Duas famílias se uniriam, e seu garoto fora esperto quanto à fortuna que tinham.

— Eleonora, venha! Estão chegando! Chame os empregados, quero todos aqui perfilados.

— Augustus, está no exagero. Lídia já falou em como eles são simples; para que esse rapapé todo?

— Mulher, faça o que digo! Desde quando questiona ordens minhas?

A boa mulher calou. Não queria desavenças; seu filho estava de pé e agradecia a Deus por isso.

Fez o que fora mandado, e logo o carro trazendo a família chegava, encontrando os empregados como Augustus queria. Ele não se dava conta que a escravidão acabara. Tratava-os como máquinas a serem usadas, e se falhassem, ou já tivessem muito uso, seriam descartadas.

Parecia ter começado a festa. O falatório era geral, e o som misturado chegava até uma simples habitação.

— Vó, sou a mais infeliz dos seres. Como ele pôde me esquecer? Vó, não vou suportar viver aqui e vê-los juntos.

— Filha minha, onde quer que você vá, levará essa mágoa em seu coração. Em vez de fugir, tente achar o lado bom de tudo isso.

— Bom? Vó, acho que não você está entendendo. Ricardo vai se casar!

— Hoje?

— Não, vó. Hoje chegou a família dela para o tradicional pedido. Então, logo se darão as bodas.

— Filha, logo não é hoje. O que sabemos nós do que nos reserva o amanhã. O dia de hoje é o que se passa. O amanhã é uma incógnita.

Tereza teve que rir mesmo sem ser a hora certa.

— Vó, está com um linguajar de fazer inveja a um professor.

A avó respondeu com um sorriso.

Aquela sim era Tereza. Alegria plena e não aquela que falara antes.

Prudêncio entrou na sala nesse momento e se espantou com a cena. Esperava encontrar a neta aos choros e eis que a encontrava aos risos.

— Tereza, o que se passa?

— Minha vó! Está falando difícil, com palavras rebuscadas.

— Se espanta? É a sabedoria do tempo; mas você, minha filha, muito nos ensinou. Hoje sou um homem letrado, graças a sua paciência em mostrar a este velho como era fácil aprender a ler.

— Vozinhos, vocês são uns amores! O que eu puder fazer para proporcionar a vocês um melhor viver, eu farei, e serei agradecida por isso.

— Tereza, você merece todas as graças do mundo.

— No momento só queria uma graça.

— Filha...

— Está tudo bem, vó! Vou para a escolinha que lá tem muitos afazeres que não me dão tempo de pensar em coisas tristes.

— E a família, já se instalou na beirada do lago?

— Na verdade, é isso que estamos arrumando. Umas cortinas floridas, um fogão a lenha, mesas e cadeiras, para que possam unidos fazer suas refeições e pronto. Está reconstruído por Deus mais um lar.

Tereza beijou-os e os deixou sentados, mãos dadas, um exemplo de companheirismo e amor.

Por um momento ela deixou de pensar no que a afligia e foi cuidar de seu próximo.

A tarde desceu, e Tereza, envolvida com os pequenos que precisavam de mais do que uma casa, perdeu a hora do regresso. As estrelas já pontilhavam o céu quando ela conseguiu fazê-los entender que alguém a esperava e já deviam estar preocupados.

As mãozinhas lhe acenavam como se a chamassem de volta e não se despedindo.

Tereza, que conhecia palmo a palmo aquelas terras, correu e nem sentia o vento a fustigar-lhe o rosto.

Quando a casa adentrou, a mesma cena se repetia: Os dois de mãos dadas, as cabeças recostadas, parecendo a muito dormir.

— Vó! Vô! Não houve resposta.

Tereza se aproximou de mansinho e percebeu em seus rostos a palidez. Ficou estática. Não, eles não a deixariam!

— Vozinha... deixe de brincadeira, vô...

Seu pranto desabou como um forte temporal.

Logo seu choro era ouvido por alguém e a notícia na casa grande chegou: os avós de Tereza partiram.

A festa, que já era por Augustus programada, ganhou um ponto final.

Ricardo e sua mãe ficaram deveras comovidos e entristecidos. Dona Emerecilda, Cidinha, como era conhecida, era por todos amada. Sempre ajudando quem dela precisasse; fosse de um pouco de comida ou de uma palavra amiga.

Prudêncio, amigo, conciliador; seu erro foi encobrir os maus feitos do patrão.

CAPÍTULO • OITO

No outro lado da vida

No plano espiritual...

— Prudêncio, meu velho, por que Tereza se esvai em um angustiante pranto?

— Vamos já ver por que chora, mas antes me diga que está bem. Te chamei e você não me respondeu, parecia...

— Morta? Ora, Prudêncio, estou bem; só entrei em sono profundo. Fechei os olhos e me vi criança. Meus pais, a mãe de Dona Eleonora e muitos amigos que passaram em nossas vidas também fizeram presença. Acho que estava sonhando.

— Estava sonhando mesmo. Estava tão entregue que não consegui acordá-la.

O choro contínuo de Tereza pôs término à conversa. A avó tentou se chegar para abraçá-la, mas não conseguiu.

— Meu velho, algo estranho acontece, tento chegar a nossa neta e não consigo. Prudêncio! Prudêncio!

Quando se voltou, deu de encontro com os dois corpos nas cadeiras. Duas figuras embaladas em sono profundo, sentadas lado a lado, unidas pelas já encarquilhadas mãos.

— Como pode isso acontecer? Será miragem?

— Não, minha velha; nos separamos de nossos corpos. Essa é a dor de Tereza.

— Vamos voltar! Prudêncio, essa é mais uma de suas brincadeiras. Não sei como fez, mas desfaça logo essa mágica.

Nisso, a porta se abre e adentra a sala Ricardo e sua mãe. Tereza foi abraçada, acalentada, sob o olhar perplexo dos dois bons espíritos.

— Meu velho, está escutando? Dizem que morremos.

— Não — disse uma voz desconhecida. — Só deixaram seus corpos cansados, depois de cumprirem uma longa missão.

— Quem são vocês?

— Espíritos auxiliadores. Fomos mandados para conduzi-los para outro lugar.

Emerecilda logo tomou a palavra, passando à frente de seu ainda companheiro.

— Este é o nosso lar! Não queremos ir a parte nenhuma. Não é, meu velho? Temos que cuidar de nossa neta. Se um dia ela aqui permaneceu para de nós cuidar, devemos esse carinho a ela.

— Vocês se desligaram de seus corpos, mas não de quem faz parte desse viver. Precisam de atendimento; ainda sentem o peso da idade terrena, e isso logo será mudado.

— Somos velhos, de fato estamos cansados, mas só iremos quando por Deus formos chamados.

— Trabalhamos em nome de Deus, venham conosco e verão claridade em um novo amanhecer.

— Agradecemos por isso, mas esse amanhecer de que fala o vemos todos os dias.

— Não podemos levá-los se assim não quiserem, mas só posso lhes dizer que em nada ajudarão Tereza se no momento por aqui permanecerem. Exalarão sentimentos que irão direto a ela e a farão sofrer.

— Não faremos isso! Nós a amamos mais do que nossa própria vida!

— Então têm que caminhar. Ir ao encontro de um novo aprendizado conosco em outro plano. Tudo foi posto para um melhor viver.

— Viver? Você não disse que estamos mortos?

— Morre a matéria; permanecem vivos em espírito; esse, é eterno.

— Minha neta falou que falo difícil, com palavras rebuscadas. Se ela os ouvisse.

— Falamos a linguagem do amor.

Nesse ínterim...

— Para onde estão nos levando? Esperem! Há um engano.

— Estão cumprindo seus desejos: seus corpos serem velados em meio às flores que tanto amaram.

— Como pode saber? Já sei: são anjos!

— Vamos dizer espíritos auxiliadores mandados pelo Altíssimo. Mas, se querem o melhor para Tereza, venham conosco.

— Emerecilda, estou muito cansado. As vistas me falham, acho que é mesmo hora de ir.

— Deixar Tereza, nunca! Se você me chama de Emerecilda, já escolheu em que lado ficar. Vá!

Prudêncio foi adormecendo aos poucos e seu despertar foi como lhe disseram:

— Onde estou? Onde está minha família?

— Explicações virão com o tempo; no momento, deixe que lhe cuidem para um melhor viver.

— Acho que estou variando. Diz que devo melhorar e ao mesmo tempo afirmavam que meu corpo tinha morrido.

— Só o corpo; seu espírito permaneceu cheio de vida.

Prudêncio olhou ao redor e viu que, como ele, existiam vários espíritos sendo cuidados.

Uma luz tênue clareava o ambiente. Respirou fundo. Sentiu o cheiro das flores. Era um ambiente tranqüilo e até quem lhe falava parecia fazê-lo em sussurros.

Ficou observando como se procurasse alguém, temendo fazer perguntas e sua voz soar como uma sineta e acordar a todos.

— O que procura? Será por acaso quem lhe fez companhia em sua estada terrena?

Prudêncio tentou falar, mas o medo o impedia:

— Não se preocupe, ela não ficou só. Nunca estarão sós os que viveram nas diretrizes de Deus. No momento, o amor à neta a prende, não deixando seu espírito livre. Logo ela entenderá que seu pesar será uma energia que não fará bem a quem tanto ama e de quem tanto amor recebeu.

— O que acontecerá a ela?

A voz de Prudêncio saía fraca, trêmula, pelo medo do desconhecido.

— Lá ficaram quem tem a missão de conduzi-la até este plano, assim que ela o permitir. Agora aceite o alimento que lhe é dado e terá um sono reparador.

Prudêncio percebeu que ao lado da cama já tinha alguém a esperá-lo com uma bandeja e uma jarra quase transbordante de um líquido que só pelo perfume já o acalmava.

No plano físico...

— Tereza, minha filha, sabe que sempre poderá contar conosco. Sempre foi tida como mais um membro da família. Depois das cerimônias realizadas, vamos para casa e lá permanecerá por um bom tempo. Isso é uma ordem, pois não admitirei recusas.

Ricardo abraçou a amiga, unido em sua dor.

— Minha mãe está coberta de razão. Se aqui ficar, a dor será maior, pois, recente que é a partida de seus entes queridos, difícil será suportá-la se não tiver companhia permanente.

Tereza deixou-se levar pelas palavras. Ainda estava anestesiada pela dor de ter fora de sua vida seus maiores amores.

Emerecilda, sempre tão submissa, senhora das palavras certas nas horas incertas, estava envolta em tristezas. Ela estava ainda presa a essa terra, sem entender que sua missão por hora terminara, mas, como os laços não se desligam e, com as graças de Deus, poderia continuar velando pela neta se assim fosse permitido.

Espíritos auxiliadores ali continuavam à espera; não tinham pressa, tinham todo o tempo da eternidade; mas a agrura pela qual Emerecilda passava exalava dor, indo direto a sua menina. A dor cega em todos os sentidos.

Os companheiros que estavam ali para conduzi-la começaram a entoar cânticos, bem baixinho, fazendo serenar o espírito doente, e amenizando diretamente quem estava chorando a horas.

— Vamos, Tereza. Os peões estão cuidando de tudo. Descansará um pouco e voltará mais calma, para o último adeus àqueles que partiram.

Tereza deixou-se conduzir, pois estava deveras cansada. Sentia-se só, sentia-se desamparada. Estava acostumada com perdas, mas nunca pensou que os dois partiriam de uma só vez.

A notícia correu em todos os cantos. Augustus deu ordens expressas para que mantivessem a porteira fechada. Não queria entra-e-sai na fazenda, só porque dois velhos que só viviam para comer tinham morrido.

São coisas que acontecem — dizia ele aos berros. — Não façam disso um dia especial; nem deixem o trabalho de lado, pois, se fizerem, farei o mesmo na hora do acerto de contas.

Felizmente, Tereza não o ouviu; mas Ricardo, que tinha ido a sua procura, indignou-se com o procedimento do pai. O rapaz se aproximou e tocou-lhe as costas.

— Ah, está aí há muito tempo?

— O suficiente para escutá-lo. Como pode? O que tem dentro do peito? Prudêncio o serviu por tantos anos fielmente. Não sente sua partida?

— Está melodramático! Sabe quantos empregados desta fazenda já partiram? Se toda vez que um morre, ou se vai por escolha própria, eu ficasse a me lamentar, passaria metade de minha vida fazendo isso.

— Pai! Ele era mais do que um empregado, era seu amigo.

— Que tolice! Pensei-o mudado, mas vejo que você é mesmo da raça de sua mãe. Não tem fibra. Será um advogado medíocre.

Os olhos de Ricardo encheram-se de lágrimas. Não que tivesse ficado ofendido pela crueldade das palavras, mas sim pelo coração endurecido do pai.

Mais palavras seriam inúteis no momento, então foi à procura de quem tão bem o entendia.

— Filho, você deixou Tereza sozinha?

— Deixei-a em meu quarto por um momento. Fui pedir que Lídia lhe fizesse companhia, mas desisti: encontrei-a tão empolgada falando com os pais que senti que não seria boa companhia para Tereza no momento. Mas queria mesmo lhe falar: não quero festejos como já falei, e parece que meu pai não entendeu, porque os peões continuam no trabalho como se fosse haver festança. Tentei falar com ele, mas meu pai quando quer faz ouvidos moucos. A senhora, com a sensibilidade que tem nas questões, por favor, dê um basta nos preparativos, senão vou ser obrigado a sair sem me despedir, assim que os féretros descerem à sepultura.

— Filho, está amargurado. Com certeza a causa está em seu pai.

— Não convém falar mais sobre isso; só quero deixar bem claro que bodas ou comprometimento formalizado só Deus sabe quando!

— Filho, será que Lídia entenderá?

— Mãe, o que seria difícil de se entender era enterrar dois bons cristãos e em seguida festejar como se nada houvesse acontecido. Seria um desrespeito.

Eleonora olhou o filho e sentiu que parte do que falava era verdadeiro. Só parte.

— Vá procurar Tereza, deixe o teimoso por minha conta. Filho, não o recrimine, ore por ele.

— Eu sei, mãe, eu sei.

Na casa de Tereza, agora o silêncio reinava. Lá fora, dispostos lado a lado, aqueles que viveram por tantos anos ligados. Os peões faziam orações e punham junto aos corpos ramalhetes de viçosas flores. Era uma despedida singela, com todo merecimento.

Não havia como avisar quem deixou a casa dos pais há muito. Nenhum endereço certo fora mandado em carta. Então disse Tereza:

— Chorarei meus mortos por eles também, até que sequem todas as minhas lágrimas.

Emerecilda estava condoída com o sofrimento da neta. Queria ampará-la, queria deitá-la no colo como se ainda fosse pequenina. Queria correr seus cabelos com seus dedos já encarquilhados pelo tempo e penteá-los, para depois amarrá-los em um grande e sedoso laço de fita.

— Emerecilda, se aqui ficar, não dará consolo a Tereza. Venha conosco, com a permissão do Altíssimo, a encaminharemos para um lugar de muita luz. Lá descansará e deixará de lado as mazelas desta sua encarnação. Terá um viver pleno só em espírito e verá que a bondade divina não deixa ao desamparo os que aqui ficam.

Emerecilda estava curvada, cansada, mas não queria dali sair.

— Como posso deixar minha pequena Tereza? Ela já teve tantas perdas.

— De que adiantará se aqui ficar? Seu lamento, suas dores, serão para ela um mar de sofrimentos. Venha conosco. A ajudaremos e a Tereza também. Acredite. Não ficam desamparados os que se amparam na fé ao Senhor. Você deu a Tereza um valioso tesouro.

— Eu? Está falando de outra pessoa. Eu e meu velho nada conquistamos. Até esta casa, de direito, pertence ao senhor Augustus. Nada deixamos para ela. E me diz que herdará um tesouro!

— Não há tesouro maior do que sua neta possui: a verdade, a fé, a caridade. O olhar seus semelhantes como irmãos. O tesouro de Tereza está na bondade de seu coração.

Emerecilda derramou um pranto sentido.

— Eu sei como Tereza é, mas sei também da maldade alheia. O senhor Augustus não tem por ela carinho e temo por sua integridade. Se soubessem quantas coisas aconteceram nessa fazenda, o que minha filha teve que suportar... Agora, como posso ir embora, deixando minha menina como um barco à deriva?

— Acha que será diferente se você ficar por aqui?

— Vou protegê-la.

— Não será assim. Mas, se nos acompanhar, verá como poderá ajudá-la. Aprenderá como poderá lhe mandar bons fluidos, depois que você for tratada.

— Tratada? Se morri, não preciso mais que me trate.

— Seu espírito adoeceu, não se livrando das dores dessa vida terrena. Então, o que pensa que poderá ser uma ajuda para Tereza poderá ser um mar de lamentos.

— Está errado. Nunca faria mal a quem tanto amo e precisa de mim.

— Emerecilda, você cumpriu bem sua missão. Tereza é um ser maravilhoso, digno, movido pela fé e pelo amor. Deixemos que ela siga em paz essa caminhada, pois nunca está desamparado o que caminha com Deus.

— Me sinto fraca, acho que são suas palavras que me inebriam, fazendo com que vá perdendo minhas forças.

— Minhas palavras são de ajuda. Vim para levá-la até outro lugar. Como já lhe disse, lá será cuidada, terá conhecimento de tudo. No momento, não posso falar mais. Você sempre acreditou na bondade divina, por que não aceita a mão estendida?

— E deixar minha neta?

— O amor entre vocês ficará intacto. Tereza sempre estará guarnecida pelo amor que a cercou. Vamos, minha amiga. Será penoso se por aqui ficar.

— Serei uma alma penada? Como aquelas pobres crianças que foram parar no fundo do lago?

— Falaremos sobre isso. Mas só se me acompanhar.

Emerecilda foi convencida pelo tom doce dado às palavras. Quem lhe falava, parecia envolto em luz e exalava amor.

Passado um tempo...

Emerecilda abriu os olhos e rapidamente os fechou. Estava sonhando: disseram-lhe que iria para outro plano, mas que lugar era aquele em que vislumbrou alguém que não poderia estar ali naquele momento?

— Não está me reconhecendo? — disse uma figura muito familiar. Era a filha de Emerecilda que deixara a fazenda anos antes.

— Não é possível! Estou morta e você está viva? Estou viva e você voltou ou também é possível aos mortos visitar os vivos?

— A primeira coisa que aprendemos quando aqui chegamos é que não se morre, apenas deixamos o invólucro onde vivia nosso espírito. Ele, liberto, aqui chegará e depois de um tempo poderá retornar para uma nova encarnação. Mas é muito cedo para um claro entendimento, só vim lhe dar boas-vindas.

— Você falou muito e pouco entendi. Como veio parar aqui?

— Depois que parti, passei muita dificuldade. Cheguei a mendigar. Os poucos trocados que recebia repartia com os outros que me acompanhavam, por isso não conseguia uma alimentação decente. Comecei a ter febre constante e a tossir vertendo sangue, até me levarem para um sanatório, onde permaneci por alguns poucos meses.

— Você tentou voltar para casa? Ainda está doente?

— Mãe, mãezinha. Assim te conheci e nunca deixará de sê-lo. Paguei pelo meu erro. Pensei que ali na fazenda nada tinha e tinha tanto que poderia ter sido muito feliz. Poderia ter evitado com mais altivez quem me perseguia, mas fui fraca. Usei outros argumentos para partir. Mas isso foi passado, só lamento ter deixado minha menina de lado, mesmo sabendo que estaria sendo cuidada por vocês, mas carreguei em minha mala um pesado segredo. Mas descanse, nos veremos em outra hora, agora tenho que ir embora, pois precisam de mim.

— Espera! Me fale mais. Você viu seus irmãos? Há muito não tenho notícias deles, não sei de seus paradeiros e temo que algo lhes tenha acontecido.

— Só posso lhe dizer que o endereço que me deram não pude encontrar por falta de recursos. Mas fique em paz. Se no momento tudo é muito confuso, logo virá quem lhe fará com que tenha melhor entendimento das coisas.

— Você está diferente. Quase não a reconheço. Se Tereza a ouvisse agora...

— Estou mais perto dela agora do que quando parti. Mas tenho de ir. Meu tempo de permanência nesta ala esgotou-se. Outros esperam por mim.

— Vai voltar? E seu pai? Você sabe onde ele está?

— Não. Permitiram-me visitá-la porque era parte do tratamento.

Ela foi falando e acenando, dando por terminado o encontro.

Enquanto isso, no plano terreno...

— Tereza, minha filha, coma algo, enfraquecerá se continuar assim.

— Não tenho fome, tenho saudades de quem partiu. Parece que me falta o ar. As cores não são mais vibrantes e nem as flores as vejo mais viçosas. Sinto um imenso vazio em meu peito, parece que vou sucumbir, tamanha é minha dor.

— Tudo isso que você falou, que já não vê as coisas como antes, tudo foi mostrado por seus avós, e eles ficarão tristes se passar a ver o mundo com outros olhos. Onde está aquela moça faceira que corria sob a chuva e dançava ao luar? Aquela mocinha que desde menina cantava cânticos endereçados a Deus e a todos encantava, enriquecendo suas vidas? E Ricardo? Esqueceu do seu companheiro que ultrapassa as barreiras da amizade e a tem como irmã?

Foi só falar em Ricardo, e da forma que ele a via, que o pranto de Tereza desabou, como aqueles temporais repentinos.

Augustus, que estava por perto, não se conteve. Estava cansado de tantas lamúrias. Os pais de sua futura nora tinham partido, sem que os filhos tivessem firmado compromisso; a festa que estava sendo preparada foi por água abaixo. Agora Eleonora só se preocupava com quem não devia, até se esquecia que tinha uma hóspede a dar atenção. Ela e Ricardo esqueciam quem eram e iam ao declive, se igualando a quem tinha que os servir. Mas poria um ponto final naquela situação.

Com esses pensamentos, pisou forte, que chegou a estremecer o assoalho; entrou de supetão no quarto, deixando as duas mulheres assustadas.

— Eleonora, não está se esquecendo de suas obrigações? O desjejum foi insatisfatório, o almoço está atrasado e as coisas não estão a contento. Tenho que ficar fazendo sala a nossa futura nora, o que deveria ser de sua conta.

Tereza sentiu um tremor por todo corpo. Eleonora, serena como sempre, deixou a mão de Tereza que ainda retinha entre as suas, falando delicadamente:

— Augustus, seja tolerante. A ocasião pede que cuidemos de quem mais precisa.

— Não estou vendo nenhum inválido que não possa caminhar sozinho.

Da mesma maneira intempestuosa que chegou, saiu; não sem antes bater a porta com tanta força quanto pode.

Tereza enxugou as lágrimas que lhe banhavam a face, endireitou sua vestimenta e abraçou sua protetora agradecendo a hospedagem.

— Tereza, não ligue para as palavras duras de Augustus. Não tem porque ir agora para sua casa, ficar sozinha, isolada, se aqui está rodeada de amigos.

— O senhor Augustus tem razão. Estou a uma semana fechada neste quarto, esperando ajuda e, como ele falou, me sentindo uma inválida. A saudade que sinto no momento não desaparecerá. Com certeza ficará bem guardada em meu peito, até ser hora de encontrá-los de novo.

— Me fechei em minha dor e até esqueci dos pequeninos que devem estar me esperando para que, mais do que ensino, lhes leve um pouco de alegria.

Eleonora acariciou seus cabelos, enlevada, por ter diante de si pessoa tão magnânima.

Tereza nem se despediu de Ricardo. Não queria encontrar Lídia, que por várias vezes insinuou estar sendo preterida por quem já considerava seu noivo.

Assim que Tereza saiu, Eleonora foi para seus aposentos, pois precisava de momentos para refletir. Precisava se recompor e sabia que só conseguiria por meio de oração. No íntimo, sentiu que algo acontecera com Augustus. Ele menosprezava Tereza, e a razão estava além de sua compreensão. Ficou na beirada da cama sentada, olhar no vazio, pedindo ajuda para começar a oração.

Repetiu-se de novo a cena: Augustus entrou sem pedir licença, foi logo esbravejando, sem dar tempo necessário para Eleonora se recompor.

— Em vez de procurar Lídia, você se isola neste quarto parecendo um caramujo? De fato esqueceu sua obrigação de mulher. Mas, como já lhe foi dito, emendo para uma ordem que quero que se cumpra de imediato. Quem era sua empregada de fato foi-se. A casa agora deve ser liberada para que outra família se instale nela. Sabe muito bem que preciso quem me sirva ao alcance de minhas mãos, para serviços necessários ao longo da noite, para abrir a porteira quando necessário e fazer logo cedo a ordenha, para que não se atrase mais meu desjejum.

Aquela energia por ele exalada dava a Eleonora um cansaço que nem forças ela tinha para replicar.

— Ficou muda ou está surda, não entende o que lhe digo?

— Augustus, tudo que posso lhe dizer no momento é que não me sinto bem; por isso procurei o quarto para melhorar.

Apesar dos pesares, ele temia perder a esposa, fosse pelo jeito que fosse.

— O que tem? Sente-se mal? Por que não falou? Vou já mandar buscar o doutor para que a examine. Não! Apronte-se! O tempo de ir buscá-lo levando você encurtará o prazo no atendimento.

— Pare, Augustus. Não é caso de morte, e sim uma forte enxaqueca.

Ela não estava mentindo. De fato, ao adentrar no quarto, Augustus não entrou sozinho. Com ele espíritos maléficos o circundavam e o instigavam. Eleonora sentiu suas forças esvaí-rem e lutava contra isso orando, mas Augustus às vezes não lhe dava tempo para tal.

Eleonora respirou fundo e tentou passar para o esposo um pouco de serenidade.

— Sua preocupação acalenta meu coração, mas só preciso de um descanso e logo estarei na ativa. Quanto à casa de Tereza...

Ele não a deixou terminar.

— Deixe isso para depois. Não está bem e creio que essa será uma longa questão. Precisa que lhe traga algo? Mandarei um empregado para que a auxilie.

— Não precisa, Augustus. Como lhe falei, um bom descanso é tudo que preciso no momento.

Assim que ele se retirou, ela pegou o livro de oração e a princípio teve que lutar para chegar ao fim de cada uma, mas com a força da fé que nela imperava logo corria os olhos e orava serenamente fazendo a transformação tanto no seu ser quanto no ambiente. Agradeceu a Deus pelo dia, orou por todos, principalmente por Tereza e Augustus; colocou o livro de oração sobre a mesinha de cabeceira e recostou nos perfumados travesseiros, acabando por adormecer.

A oração praticada com fé eleva o espírito e ajuda a dissipar fluidos negativos deixados por quem ainda não tem a consciência do bem.

Quanto a Tereza, assim que saiu da casa grande, foi direto ver quem ainda precisava de seus préstimos.

C A P Í T U L O • N O V E

As crianças

— Tereza! É Tereza quem está chegando!

As crianças correram em sua direção, abraçando-a, quase fazendo com que fosse ao chão.

— Esperem, não vou fugir! Assim vocês me derrubam e também acabam por se machucar.

O mais velho, mais esperto, a olhou e confidenciou:

— Não foge porque não aparece mais por aqui. Você nos abandonou.

Tereza abaixou-se e tentou abraçá-los de uma só vez. Impossível a ação, tantos eram os braços e corpinhos a rodear-lhe.

— Onde está a mãe de vocês?

— Na lida. O pai também. Sabe Tereza, faz três dias que o pai não aparece. A mãe foi procurá-lo, mas não o trouxe de volta. Acho que tem muito trabalho para ele fazer e não tem tempo para voltar para casa.

Tereza estranhou. Era serviço dele conservar o lago limpo e adjacências. Mas, como ficara afastada deles por um tempo, talvez algo tivesse mudado e ela não tinha conhecimento.

A mãe das crianças deu à luz ao primeiro filho quando ainda era uma criança. Apesar dos trabalhos forçados, do permanecer horas a fio sob um sol escaldante que curtia sua pele envelhecendo-a precocemente, continuava com seus atrativos. Era ainda uma bela mulher.

Tereza conseguiu levantar-se e, levando os menores pelas mãos e seguida pelos outros, foi até a simples habitação ver do que precisavam no momento.

Fora de casa o fogão à lenha parecia não ter sido usado, dentro de casa, não havia vestígios de uma refeição recente.

Virou, revirou e nada! Não achou nada que pudesse abastecer aquelas pobres criaturinhas de Deus.

— Tereza, o que procura? Tem fome? Os poucos grãos de espiga cozida que tinha acabou na noite de ontem. Nossa barriga ronca, mas a mãe pediu paciência que ela voltaria com uma bela comida.

Tereza olhou a mesa posta e sobre ela os pratos e talheres à espera de tão desejada refeição.

Tereza lembrou-se dos alimentos que tinha em casa, das plantações de seu avô e ocorreu-lhe a idéia de levá-los até lá.

Chamou o menino maior, que também era o mais falante, e pediu um lápis e um pedaço de papel. Escreveu um bilhete a Rosamaria, como era chamada a mãe dos meninos e, com letras garrafais, disse que os levaria e o porquê.

Deixou-a também ciente que logo os traria de volta. Tereza não sabia o que estava acontecendo, mas seu coração lhe dizia que não era nada bom.

A tristeza antes sentida fora por hora abandonada diante da necessidade por que passavam aquelas criaturinhas. O caminho percorrido entre as duas moradias foi repleto de alegria. Ora cantavam, ora corriam, catavam pedrinhas pelo caminho e as atiravam no lago fazendo suas águas ondularem. Tereza ria de suas peraltices e de seus rostinhos sujos, pois, do mesmo jeito que pegavam as pedrinhas, passavam as mãos pelos rostos fazendo-os parecer pinturas de um quadro angelical.

Assim que chegou a casa, Tereza foi colher o que fora por hábeis mãos plantado, e logo uma cheirosa sopa estava sobre a mesa à espera de quem a degustasse.

Tereza foi aplaudida pelos pequeninos. Só a fumaça que espalhava o aroma pela casa já dava um ar de satisfação aqueles serzinhos tão famintos.

— Vamos! O que esperam?

— A oração! A mãe sempre diz que devemos agradecer a refeição de cada dia e que não falte o pão em nossa mesa.

Tereza ouviu emocionada.

— A mãe de vocês tem toda razão. Eu, na pressa, ia até esquecendo.

— Tereza — disse um dos pequeninos —, nós sempre agradecemos, mas às vezes lá em casa não tem o que comer e minha barriga ronca de verdade. Quando falo isso para a mãe, em vez de oração, ela manda dormir, que o sono alimentará; mas, quando acordo, a fome vem dobrada e minha barriga parece colar nas costas.

A face de Tereza ficou molhada pelas lágrimas que lhe desciam sem que pudesse evitar. Deixara os pequeninos, enquanto sentia-se perdida, por ter perdido seus entes queridos.

— Tereza, está chorando?

— Tonico! Pára com essa ladainha que entristece Tereza.

O menino ficou desconcertado, só falara o que fora perguntado e não mentira.

Depois de terminada a refeição, que fora seguida à oração, os pequeninos tiveram permissão de Tereza de ir brincar, pois um raiozinho de sol rasgava as grossas nuvens, amenizando o que seria um frio intenso.

Assim que os pequeninos saíram, Tereza desabou sobre uma cadeira, pois o cansaço físico e moral a derrotavam.

Apesar das risadas das crianças ultrapassarem as paredes, a casa estava por demais silenciosa. Tereza passou as mãos pelos longos cabelos, pois teve a impressão de que uma larga e acetinada fita os prendia. Parecia ouvir as passadas curtas do avô e o ressonar da avó após o almoço. A lágrima da saudade escorregou pelo rosto, descendo pelo colo, formando um rastro luminoso.

Risadas mais fortes a despertaram; uma voz grave em tom brusco a fizera levantar para ver o que acontecia.

— Quem permitiu que esses molequinhos viessem fazer peraltices a minha porta?

Ele, montado em seu imponente cavalo, fazia sua figura ficar ainda mais aterrorizante.

Tereza, ao abrir a porta e dar com a cena, gelou. Um nó na garganta impediu-a de responder, mas o choro de um dos pequeninos fê-la forte ao responder:

— Eu sou a responsável por eles, senhor Augustus! Trouxe-os a minha casa, pois precisavam alimentar-se.

— Por acaso isso se tornou uma hospedaria e esqueceram de me avisar? E, quanto a sua casa, mocinha, não sei à qual se refere, pois esta que era moradia de antigos empregados, com a morte deles, ficou livre para que outra família venha habitá-la.

Tereza ficou confusa. Se entendia bem, estava sendo posta na rua. O medo que Tereza sentia desapareceu ante a ameaça de desabrigo.

— Senhor, creio que há um engano. Esta casa pertencia por direito ao meu avô. Ela foi comprada do senhor, no salário descontado ao longo desses anos todos que meus avós trabalharam para o senhor.

— Que insolente! Está me chamando de mentiroso? Bem que avisei a Eleonora que empregados tinham que ficar depois da soleira da porta. Mas vamos deixar de lero-lero e leve esses endiabrados para longe daqui. Estas terras me pertencem e tudo mais que está sobre ela.

— Pai!

Ricardo tinha visto Tereza chegar com as crianças e esperava uma boa oportunidade para lhe falar. Quando viu que as crianças estavam brincando, imaginou que seria o momento certo. Sua dificuldade para andar deu vez ao pai para que chegasse primeiro. Ao vê-lo, o rapaz não quis se aproximar, mas não deixou de escutar as barbaridades ditas por ele.

Augustus, ao ver quem o chamava, tocou com força o cavalo, saindo em disparada.

Não ia a galope sozinho, na sua garupa levava os que se nutriam com suas maldades.

O rapaz, ao ver o pai se afastar, foi em direção à amiga sem mesmo saber como se desculpar por ele.

As crianças agora estavam mudas e se chegaram a Tereza como se ela fosse sua protetora.

— Tereza, mais uma vez peço que perdoe quem abusa de autoridade. Não leve ao pé da letra o que ele falou. Minha mãe também é dona destas terras e ele parece se esquecer disso.

Os olhos de Tereza pareciam duas contas brilhantes, inundadas pelas lágrimas contidas.

— Não quero ser motivo de desavenças. Se não me querem mais por aqui, arrumarei minha trouxa e partirei.

— Nunca! Tereza, não ouse fazer isso! É parte da família e sabe o apreço que minha mãe tem por você. Partirá seu coração se for embora daqui. Não creio que ela seja sabedora das intenções de quem acaba de lhe falar; com certeza partiu dele próprio e logo se arrependerá. Como escutei você dizer, não mora de favor, e sim no lugar que seus avós conquistaram com o suor do próprio rosto. Sou quase um advogado e sei das leis que vão protegê-la.

— Ricardo, não quero isso.

— Quer partir? Viver longe de seus amigos? E essas crianças que parecem dependentes de você? Será capaz de deixá-las?

As crianças, ao escutarem falar de abandono, cingiram a cintura de Tereza, como se assim fossem impedi-la de partir.

— Ricardo, por favor, eles estão ficando amedrontados.

— Está certo, falaremos depois. Vim procurá-la, pois você saiu sorrateiramente, como se quisesse me evitar. Fiz algo que a tenha magoado? Lídia? Houve mais alguma coisa que eu não esteja a par?

— Não. Mas deixemos as explicações para depois. Tenho que levá-las para casa e algumas provisões também. Já se faz tarde e logo escurecerá. Tenho que ir agora.

— Não quer ajuda? Ainda estou um pouco manco, mas sabe que sempre tive braços fortes.

Tereza pensou em como seria bom tê-lo em companhia. Estava fragilizada, e ele sempre a jogava para cima.

— Se acha que será capaz... O caminho como você sabe é um pouco longo.

— Eles não moram naquele casebre construído à beira do lago?

— São eles mesmos. Já os conhecia?

— Não. Fiquei muito tempo preso àquela cama, esqueceu?

— Como sou tola!

Por um momento, se esquecera de quem estavam rodeados e a pressa que Tereza falara havia acabado.

— Tereza, vamos ficar aqui parados ou vai nos levar para casa?

O pequeno falava e puxava sua saia para que lhe desse atenção.

O momento mágico foi quebrado e ela se deu conta de que, quando falava com Ricardo, tudo mais não existia.

Ela depressa pegou o pequeno no colo beijando-o, como se pedisse desculpas por tê-los deixado à parte.

— Vamos! A mãe de vocês já deve ter voltado da fábrica e os espera ansiosa.

Foi uma correria só. Uns iam e voltavam; outros queriam ajudar a carregar os alimentos e os pequenos não saíam da barra da saia dela.

Ricardo apreciava tudo embevecido. A beleza de Tereza transcendia, fazendo o dia ficar mais bonito apesar dos acontecimentos. Puseram-se em marcha e as crianças iam cantando, como se já houvessem esquecido o que haviam escutado.

— Elas são impressionantes; por isso você as ama, não é Tereza?

— Amo toda criação de Deus. Crianças, natureza, enfim tudo o que me rodeia.

— Até meu pai?

— O amor é incondicional. Quem sou eu para julgá-lo. Ao lado de seu pai tem alguém que fez o peso certo na balança. Deus é sábio, nós que não percebemos.

— Minha amiga, poderia ficar horas a escutá-la. Perco tanto não a tendo sempre em companhia.

— Falando em companheirismo, por ventura Lídia sabe onde se encontra?

— Pedi a minha mãe que lhe fizesse sala.

— Pelo que ouvi de seu pai, sua mãe é que estava precisando de alguém ao seu lado.

— Desculpe, Tereza. Não queria que ficasse preocupada por ter saído sem ter avisado a ninguém; mas Lídia já se sente em casa e, se precisar de algo, com certeza se dirigirá aos empregados.

— E a data do casamento?

— Tereza, tem certeza que quer falar sobre isso?

— Quero saber até quando poderei desfrutar de sua livre companhia.

— Até sempre.

Enquanto ela falava, ele colheu uma flor e a ofereceu juntamente com suas últimas palavras.

As crianças, que pareciam alheias ao que se passava, fizeram um coro entre cantoria e risadas:

— Estão namorando! Estão namorando!!!

— Crianças! Ricardo é meu amigo, como vocês também o são. Parem de brincadeira, que o estão deixando encabulado.

Nada adiantou falar-lhes e foi ela quem acabou encabulada.

— Tereza, você não tem namorado?

— Isso é pergunta que se faça a uma donzela?

Ricardo pegou em seus cabelos e fê-la olhá-lo.

— Isso não é resposta. Não sou mais seu amigo e confidente?

Tereza tirou a mão que a prendia, pois a palavra amiga lembrou-lhe certo acontecimento.

— Sempre será. Mas você se esquece que agora é diferente; está com bodas marcadas e nossas vidas se distanciam.

Agora foi a vez do rapaz ficar alquebrado. Ficar longe de Tereza nunca esteve em seus planos.

Um trotar fez com que parassem.

— Ricardo, onde vai?

Augustus há muito os seguia. Esperava que a qualquer momento o filho retornasse e queria falar-lhe antes que chegasse a casa. Mas, quando viu que ele abraçava Tereza, pelo menos essa foi a impressão dada de longe, decidiu intervir.

O rapaz parou e esperou que ele se aproximasse. As crianças pareciam fazer parte de uma brincadeira, onde a um sinal se tornavam como estátuas.

O coração de Tereza disparou, que parecia saltar do peito.

— Ricardo, não está indo longe demais? Pelo que sei, ainda está sob ordens médicas, que com certeza não são para que ande forçando o que deveria estar de repouso.

— Pai, agradeço sua preocupação, mas estou bem.

— Bem!!! Está manco e é preocupante. Quer ficar inválido de vez?

— Dos desígnios de Deus nada sabemos, mas não estou sendo descuidado. Tenho que exercitar minhas pernas.

— Tem que ser por essas bandas? Esqueceu-se de Lídia?

— Pai!

Furioso, o homem mais uma vez tocou o cavalo e saiu em disparada.

Ricardo respirou fundo, pois era uma situação constrangedora.

— Ricardo, vá. Já avistamos a casa das crianças e você sabe que medo é coisa que desconheço. Eu e as crianças agradecemos tão boa companhia, mas terá os seus dissabores se por aqui permanecer mais tempo.

— Tereza, não sou um boneco de marionete controlado por cordinhas. Exercícios fazem parte da minha recuperação e não importa por onde, o importante é que ande.

— Crianças, por que estão tão caladas, parece que viram um bicho do mato! Vamos, alegrem-se, pois Tereza também precisa sorrir.

Ordem dada, ordem cumprida. A algazarra recomeçou. Crianças são surpreendentes. Parecem nada saber, mas tem o entendimento, a sabedoria e sabem fazer a transformação.

CAPÍTULO • DEZ

A queda

Augustus de longe ainda deu uma parada, esperando que o filho acatasse sua ordem, mas, para seu desespero e ignorância, viu que ele continuava de onde o tinha parado.

Pensamentos funestos fervilhavam em sua cabeça; ainda mais que, se Lídia soubesse por onde andava o noivo, tudo iria ladeira abaixo.

Ele tocou o cavalo fustigando-lhe com raiva o lombo, ainda olhando os que se afastavam. Isso fez com que não visse um galho mais baixo, que cortou-lhe a passagem, jogando-o longe da sela do cavalo.

Ao cair, o homem bateu com a cabeça em uma pedra, o que o fez ficar desacordado.

O animal continuou seu galope indo parar frente à casa grande, para espanto dos empregados.

Algo havia acontecido. Eles sentiam isso no ar.

— Senhora! Senhora Eleonora!

Quem apareceu à soleira da porta foi Lídia, que impaciente esperava por quem saíra e ainda não dera sinal de vida.

— O que você quer, peão? Dona Eleonora está descansando, mas não ficará por muito tempo se ficar aí berrando.

— É sobre o patrãozinho.

— Ricardo? O que aconteceu a ele?

Lídia desceu rapidamente as escadas, procurando com os olhos seu pretenso noivo.

— Não, senhorinha. Estou falando do senhor Augustus! O cavalo dele acaba de chegar sem montaria.

— Ah, é isso? Com certeza ele quis andar por aí e tocou o cavalo de volta.

— Não, senhorinha. A senhora não entendeu. Ninguém deixa sua montaria voltar sozinha, ainda mais esse animal que é o xodó do patrão.

— Você deve estar imaginando coisas. O que poderia ter acontecido? Já sei! Pai e filho devem ter se encontrado e, como Ricardo não pode tomar montaria, o pai dispensou a dele para acompanhá-lo.

— Se a senhora diz...

O rapaz tocou de leve a aba do chapéu em respeito, finalizando a conversa.

Lídia segurou as longas saias e entrou na casa, já aliviada pelas próprias conclusões.

Enquanto isso, na casa das crianças...

— Tereza, onde está nossa mãe? Olhe, o papel que você deixou rabiscado não foi nem tocado.

Isso Tereza já tinha observado. Era preocupante a ausência de Rosamaria, mas não queria os meninos assustados e tratou de entretê-los.

— Vamos, o que estão esperando? Estão precisando de asseio e um bom banho lhes fará bem.

Recomeçou a gritaria, quem seria o primeiro. A ausência da mãe foi por hora esquecida por eles, mas não por quem se sentia responsável por aquelas doces criaturinhas.

— Ricardo, é melhor você retornar, pois estou vendo que me demorarei mais do que o previsto.

— Vou esperar. Não vou deixar que volte sozinha. O caminho não é tão longo, mas também não é de percurso pequeno. Tendo-se companhia, de conversa em conversa, logo se chega. Vou esperar.

— Agradeço sua boa vontade; não poderia ir embora deixando-os sozinhos, entregues à própria sorte. Trouxe uns alimentos e vou colocá-los no fogo. Quando a mãe deles chegar, com certeza virá cansada demais para fazer isso.

Ricardo pegou um caixote que estava jogado e fez de banco para melhor ficar a observá-la.

Suas idas e vindas pelo pequeno cômodo, seus trejeitos graciosos em nada lembravam aquela menininha que com ele em correrias para fugir do banho se escondia nos montes de feno. Tereza transpirava bondade, caridade, determinação.

— Tereza, você vem sempre aqui?

— Sempre que posso. Venho menos do que deveria, então, quando meus avós...

Ela não continuou, e a distração fê-la derramar sobre a mão a água que estava quase em fervura.

Ricardo correu em socorro como pôde no momento; pois, ao se levantar do caixote, quase foi ao chão.

Ele pegou a mão da amiga e assoprou, como se isso fizesse com que a dor fosse jogada longe pelo fraco vento.

Não muito longe dali...

Augustus gemia e implorava por socorro. Tentou levantar-se, mas não conseguia que seus membros obedecessem. Escutava vozerio, risadas e o negrume da noite o estava deixando assustado. Seus pensamentos de tão rápidos se amontoavam. Apesar da situação, ainda esbravejava:

— Maldito animal! Assim que conseguir ficar em pé, a primeira providência que tomarei será mandar sacrificá-lo. Não! Não quero que ninguém faça esse serviço. Eu mesmo o farei; se possível com minhas próprias mãos.

Na casa grande...

— Lídia já se faz tarde, onde será que os dois se meteram?

— Quem pode saber? Nada avisaram. A certeza que estão juntos veio pelo cavalo mandado pelo senhor Augustus.

— Será que brigaram? Vou mandar alguém à procura. Estou deveras preocupada.

— Vocês que vivem nesse isolamento dão atenção demais a certos acontecimentos. Se lá em casa fôssemos procurar cada um que desaparece por horas e às vezes dias, não faríamos outra coisa.

Eleonora olhou-a penalizada. Que viver era aquele? Que união de família, onde cada um vivia como se estivesse só?

— Tem razão, minha filha. Eles devem estar conversando e esqueceram da hora; mas, mesmo assim, vou pedir que os encontrem e lhes falem de nossa preocupação.

Antes que Lídia se pronunciasse, Eleonora foi dar a ordem necessária.

— Patroinha, quer que pegue montaria ou vou a pé?

— Eles não devem estar longe, mas sele um cavalo. Não sabemos que direção tomaram, então terá dificuldade em achá-los. Vá!

Apesar das palavras de Lídia conterem um pouco de verdade, o coração de Eleonora lhe dizia que acontecera mais do que estavam a imaginar. Por mais que Augustus quisesse com o filho prosear longe de casa, se tinha uma coisa que ele achava sagrada era a hora da refeição. Isso ele marcava no relógio e se impacientava se por alguma razão, por alguns meros segundos, atrasava.

Havia horas que a mesa estava posta a esperá-los. Não demorou muito para que o peão desse de encontro com um casal que não parecia ter pressa.

— Boa noite, sinhozinho! Boa noite, Tereza! Dona Eleonora pediu que viesse à procura do senhor e do seu pai! Onde ele está? Ela falou que os encontraria juntos.

— Meu pai ainda não chegou em casa? Tem certeza?

— Sim, senhor! Ela mesma deu a ordem de procurá-los.

— Bom, você já viu que aqui comigo meu pai não se encontra; será que ele foi fazer alguma visita e esqueceu de avisar?

— A pé?

— Da última vez que falei com ele, estava a cavalo.

— A montaria dele voltou sozinha. Como o senhor não podia montar, ele dispensou a montaria.

— Já lhe disse que ele não está comigo. Está vendo alguém a meu lado que não seja Tereza?

— Eu sei o que meus olhos estão vendo, mas dona Eleonora...

— Sim, já sei o que ela falou, mas, como vê, em minha companhia ele não está.

— Sim, senhor. Vou voltar e falar que só encontrei o senhor.

— Não é melhor continuar a procurá-lo? Ele pode ter dispensado o cavalo por querer andar um pouco e arejar a cabeça.

— Como?

O rapaz coçou a cabeça, não entendendo o que Ricardo quis dizer.

— Dê umas voltas e veja se o encontra. Estou perto de casa e sossegarei minha mãe.

O peão saiu em disparada, e a testa franzida de Ricardo mostrava sua preocupação.

— O que acha que aconteceu? Ele estava muito alterado, já imaginou que poderá ter tido uma queda?

— Meu pai é um exímio cavaleiro; mas é estranho, muito estranho...

— Ricardo, aqui nos separamos, não precisa me acompanhar até em casa.

— E sua mão? Deixe-me ver.

Tereza esticou para mostrá-la, mas, ao sentir o toque do rapaz, retirou-a rapidamente.

— Já está bem. Tenho ungüentos em casa e, assim que chegar, prometo que me cuidarei.

— Se você diz, acredito. Amanhã vou vê-la, para ver se realmente o que usou fez efeito.

— Ricardo... Pare com isso... - Tereza não conseguiu se conter. O rapaz, enquanto falava, tentava fazer piruetas com o pouco equilíbrio que tinha. Ele, quando estava com ela, revivia os tempos de criança.

As risadas deles cortavam os ares, deixando a noite mais aquecida.

Chegando em casa, ele não teve tempo de descansar, o que precisava e muito.

— Ricardo, onde está seu pai?

— Eu queria saber o mesmo. Já fui informado que em casa ele não está, mas comigo também não estava. Na verdade, eu o vi e ele até falou comigo, mas depois se foi e não nos encontramos até o momento.

Lídia, que estava sentada em um canto da sala e parecia não ter sido vista por Ricardo, não agüentou:

— Se não estava em companhia do senhor Augustus, poderia nos dizer por onde andava?

Eleonora a olhou e lembrou-se das palavras dela anteriormente e tratou de interferir.

— Isso não importa, não é mesmo Lídia?

Os olhos da moça faiscavam, tamanha era sua ira. Apesar de não estar perto dele, sentia um perfume adocicado que já sentira outras vezes em que encontrou Tereza.

— Mãe, onde ele terá ido? Será que foi se encontrar com algum vizinho e se esqueceu da hora?

— Impossível, meu filho. Deve ter acontecido algum acidente e seu pai está impossibilitado de voltar.

— Como vocês são fúnebres. Uma ausência de poucas horas e logo se pensa em...

Eleonora não a deixou terminar. Agora olhava sua futura nora com os olhos da observação e a via com as unhas afiadas.

— Filho, vamos orar. Se nos desesperarmos, mais difícil será.

Ricardo abraçou-a com carinho, levando-a até seus aposentos, esquecido que na sala havia mais alguém.

Eleonora, que era só bondade e que fazia do perdão seu guia, não a esqueceu:

— Lídia, você não vem?

Apesar de não ter o costume e pouco saber sobre orações, não gostaria de ser deixada de fora, ainda mais quando havia questões familiares. Rapidamente ela se adiantou e enlaçou a cintura da dona da casa, já com a fisionomia mudada. Agora trasbordava meiguice.

Um pouco distante dali...

— Deus! Patrão!

O peão saltou do cavalo antes mesmo de parar.

A luz tênue da lua clareava o corpo, que agora jazia desfalecido.

O peão encostou o ouvido no peito do homem para ver se havia vida naquele corpo caído. O coração do rapaz pulsava tão forte que era difícil saber se o outro ainda batia. Um gemido foi a confirmação de que ainda havia vida.

O rapaz foi até a sela do cavalo, retirou uma manta, e, dobrada, colocou-a sob a cabeça de Augustus; desfez-se ainda do seu abrigo de frio e o colocou sobre aquele corpo gélido.

Foi em busca de ajuda, e logo a confusão na casa grande estava formada.

Ricardo queria ir em busca do pai, o que não lhe foi permitido.

Eleonora chorava aos cântaros pela possível perda; Lídia tentava a todos acalmar, mas suas palavras, em vez de serem consoladoras, eram realistas demais.

Foi levada uma carroça até o local, uma padiola improvisada, e logo estavam de volta à casa grande.

— Ricardo, vá pedir que selem o animal mais rápido e que o mais hábil cavaleiro vá até a cidade em busca do doutor. Diga-lhe da gravidade do caso e que não se demore muito.

Eleonora não sabia o que fazer.

Aparentemente não havia gravidade, mas ele continuava desacordado, o que não era bom sinal.

Ali deitado na cama, à espera de quem o atendesse, Augustus, assim desarmado, entregue à própria sorte, era digno de pena. Onde estava agora o cajado que empunhava? Sua arrogância, o querer parecer melhor que seus semelhantes, melhor que qualquer um nessa face da terra, onde estava agora? Ele deveria ter-se visto assim alquebrado, forças minadas, dependente da ajuda daqueles a quem ele se achava superior.

Eleonora sentou-se ao seu lado velando-o, esperando que a qualquer momento lhe voltasse a lucidez.

O homem passou a gemer e parecia estar em grande tormento.

Aos poucos começou a falar coisas desconexas, e deu-se início a um grande suadouro.

— Deixem-me! Larguem-me! Vão embora, seus desajustados! Pensam que me amedrontam? Vão embora! Vão embora!

Eleonora quase foi ao desespero. Parecia, pelas poucas palavras que se distinguiam, que Augustus estava sendo perseguido. Era um fato.

Obsessores, que há muito o acompanhavam, não por benquerência, mas pelo seu mau viver, agora minavam ainda mais suas forças, aproveitando o estado em que se encontrava. No momento, a luz para ele estava ao seu lado e essa foi a força que fez com que dele se afastassem.

Eleonora pedia ajuda ao Pai Celeste, orou com todo fervor, e sua oração foi como um bálsamo para aquele espírito doente.

Logo chegou o doutor, que, antes mesmo de examiná-lo, fez seu diagnóstico:

— É grave. Muito grave. Temos que levá-lo a uma casa de saúde, pois aqui pouco poderei fazer por ele.

— Não vai examiná-lo?

Eleonora era toda preocupação.

— O farei imediatamente, mas quero que seu filho providencie a remoção ainda hoje.

Tudo foi preparado, e logo Augustus estava saindo do mesmo jeito que chegara: meio desacordado.

Forças invisíveis se afastaram mediante a força das orações ditas com tanto fervor pela mulher e o filho, mas, quando davam término a cada uma para que as providências fossem atendidas, Augustus voltava a ficar vulnerável, tamanha era a força que o obsediava.

Eleonora não pode acompanhá-lo; além do pouco espaço onde o colocaram, disseram-lhe que ela como mulher não poderia ficar em companhia. Ricardo acompanhou o pai, apesar de estar ainda convalescendo.

Assim que se distanciaram...

— Dona Eleonora, era preciso mesmo que Ricardo fosse? Seu estado ainda é delicado e pode piorar se fizer esforço.

— Lídia, assim você torna a situação mais penosa. Não tinha pensado nisso, mas a partir desse momento minha preocupação será em dobro. Mas, se me dá licença, tenho algumas ordens a dar.

— A essa hora? Não é melhor nos recolhermos? O sono será reparador pelos últimos acontecimentos.

— Dormir? Você pode se recolher, não ficarei só. Vou pedir que um empregado vá até a casa de Tereza.

Sem dar tempo a Lídia de replicar, foi fazer o que o coração pedia.

Esperou pela moça ansiosamente, sentada na cadeira de balanço que o esposo gostava de ficar por horas, observando o vaivém dos empregados.

— Dona Eleonora!

— Tereza, minha filha, estava longe, junto com meus pensamentos.

— Já soube do acontecido. Lamento muito.

— Desculpe tirá-la de casa a essa hora, mas precisava de alguém para que nos uníssemos em oração, para que eu não fraqueje. Às vezes me vem um cansaço inexplicável. Sinto um aperto no peito, uma impotência...

— Não é verdade. A senhora é forte, e é desse jeito que deve pensar. Minha avó me falava de forças ocultas que se aproveitam das nossas fraquezas, se nutrem com isso. Se fraquejamos, é porque esquecemos o que nos faz forte: a fé. O acreditar que nunca estamos sós. Se orarmos, estamos nos fortalecendo na fé do Senhor. A tristeza tomou conta do meu peito e foi graças à fé que consegui emergir. Estava me afogando em um mar de lágrimas e não me dava conta disso. A vida lá fora não espera. Temos que continuar e dissipar através das orações o que nos abalroa.

— Tereza, como suas palavras são confortadoras. Foi só você chegar e meu coração parou de pulsar como se quisesse ir ao encontro do motivo de minhas inquietações.

— Vai ficar tudo bem. Vamos orar ao Pai e pedir indulgência. Imperfeito que somos, temos que aceitar nossas provações e pedir ao alto que nossa cruz seja leve.

— Tereza, não sei o quanto você sabe, mas tem olhos e ouvidos e cresceu nesta fazenda. Fui omissa, pois queria preservar meu filho e sempre esperava que Augustus mudasse. Me agarrava com Deus e orava por aqueles a quem o mal fora praticado. Você me acha forte; acho que sou. Mas quantas vezes pensei que fosse desmoronar. Quantas vezes varei a noite acordada pensando nos infelizes e por eles orava. Mas para mim você ainda é uma menina e não devia estar desfiando para você esse rosário de tristezas.

Tereza ajoelhou a sua frente e tomou suas mãos, beijando-as carinhosamente.

— Não se sinta culpada pelos atos que não praticou. Não poderia impedi-lo, pois, quando a senhora chegava a saber, já tinham acontecido. Que Deus o perdoe e o ajude nessa hora fatídica.

Longe dali...

— O estado dele é muito grave. Estamos esperando o resultado de alguns exames e a confirmação do que se suspeita.

Ricardo estava impaciente. O doutor rebuscava nas palavras, mas nada de concreto dizia.

— Doutor, sem querer apressar, mas, como vê, estou deveras aflito, será que poderia ser mais claro quanto à saúde de meu pai? Ele corre perigo de vida?

— Ele é forte, mas a queda em certos aspectos foi fatal. Mais no momento não posso lhe dizer. Mas sabe rezar?

Ricardo deu um longo suspiro e foi sentar-se. Estava demasiadamente cansado pela caminhada anterior, e a angústia lhe comprimia o peito por não saber o que aconteceria ao pai. Rezar? — pensou ele. Não conseguiria. Recostou-se e relembrou os últimos acontecimentos. Seu pai o chamara e foi ignorado. Se tivesse atendido, talvez não estivessem ali. O rapaz sentia-lhe morder a culpa. Isso lhe fazia doer mais do que suas cansadas pernas. Amanheceu e Ricardo se encontrava do mesmo jeito.

Na casa grande, Tereza e Eleonora, envolvidas em uma manta, ficaram na grande sala, derrotadas pelo sono. A claridade e o vozerio dos trabalhadores acabaram por acordá-las.

— Tereza, minha filha, vá para casa descansar. Você ficou mal acomodada e deve estar alquebrada.

— O pouco que dormi foi o suficiente para renovar minhas forças. Se me der permissão e o empréstimo da carroça, irei até a cidade e logo estarei de volta com notícias.

— Faria isso, minha filha?

— Não será necessário. Já tomei as providências e estou indo agora. Estou preocupada com meu noivo e certamente com meu sogro também. Não me demorarei. Tereza, meus aposentos estão em desordem e espero que cuide disso. Uma alimentação bem forte talvez seja necessária. Sabe-se lá com que meu amor se alimentou até agora — intrometeu-se Lídia.

— Bom dia, Dona Eleonora!

Lídia saiu antes que Eleonora tivesse qualquer reação, só deixando no ar o forte perfume que acabara por dar enjôo nas duas, que estavam a um bom tempo sem se alimentarem.

Assim que se recompôs, Eleonora tentou contornar a situação:

— Tereza, não se importe com Lídia. Ela sabe que você não é empregada desta casa, mas faz questão de ignorar o fato.

— Dona Eleonora, sei que não é o momento, mas queria lhe falar sobre isso. Quando meus avós eram vivos, mesmo já com idades avançadas, eram considerados trabalhadores nesta fazenda e, sendo assim, com todos os direitos adquiridos ao longo de todos esses anos. Estou me sentindo incomodada; moro em uma casa que não me pertence e não tenho ganhos para meu sustento. Estou pensando em...

— Trabalhar aqui, Tereza? Falarei com Augustus assim que ele se restabelecer, o que com certeza logo acontecerá. Poderá tomar conta da cozinha, mas nada fará além de dar ordens necessárias para que as refeições saiam de acordo com seu gosto.

— Não era bem isso que ia falar. Penso em lhes devolver a casa e partir.

— Ir embora? Para onde, Tereza? Nada conhece da vida lá fora; de sua mãe, como já disse, não chegaram notícias. Para onde iria? Sem endereço certo ficaria no mundo como um barco à deriva. Filha, preciso quem me ajude; como sabe, sempre estive à frente da cozinha, com as ordens do dia. Com certeza, Augustus precisará de todos os meus momentos. Você seria de grande ajuda.

— Desculpe, não quero parecer ingrata, mas não conseguiria.

— Lídia?

— De certa forma, sim. Mas existem outros motivos...

— Tereza, pense bem. Aqui tem moradia de graça e como se sustentar. Nada lhe é cobrado. Poderá continuar na escolinha, pois seu tempo quem dividirá será você. Se sente diminuída por prestar serviço nesta casa?

— Claro que não! Não sei como posso lhe explicar.

— Tereza, com certeza não dará nenhum passo, nem hoje, nem amanhã. Trata-se de sua vida. Deverá colocar na balança os prós e os contra. Quanto a Lídia, as férias estão terminando e logo irá embora.

— Dona Eleonora, a senhora muito fez por meus amados avós. Na hora em que precisa tanto de ajuda, não faria ouvidos moucos ao seu apelo. A partir de hoje, tomarei conta da cozinha. Sei de seus gostos e de sua família. Deixarei para mais tarde o rumo que darei a minha vida.

— Tereza, você é bondade em pessoa. Sabia que poderia contar com você. Quanto a Lídia, não se preocupe, estará sempre mais tempo na cidade grande que por essas bandas. Agora, vá para casa e descanse, foi uma noite mal dormida e a culpada e egoísta fui eu. Tirei-a do aconchego do seu lar e você ficou muito mal acomodada. Vá, tenho ordens a dar, pois a rotina da casa não muda apesar dos acontecimentos.

— Agradeço sua preocupação, mas no momento precisa mais de descanso do que eu. Eu mesma verei o que tem que ser feito e darei as ordens necessárias. Vou até minha casa, mas volto antes que sinta minha falta.

Eleonora sorriu. Saber que por hora ela não ia embora dava-lhe um conforto inexplicável.

Uma hora depois...

— Tereza, trago notícias do senhor Augustus!

— Dê-me e as levarei a dona Eleonora.

— Não. As ordens que tenho é que devo falar-lhe pessoalmente.

— Ordens de quem?

— De senhorinha Lídia.

— José, me conhece desde pequena, se digo que levo a notícia por que você haveria de recusar?

O peão ficou atrapalhado e entregou um bilhete que estava bem guardado como se fosse confidencial.

— Tome. Não sei o que está escrito, mas pela cara do senhorzinho boa coisa não é.

Tereza pegou-o, antes que ele mudasse de idéia, e foi para um lugar onde pudesse lê-lo. Não era curiosidade, e sim preocupação pelo que aquela fria moça da cidade poderia estar falando sem rodeios da saúde de seu "patrão".

As notícias não eram boas. Sem rodeios, Lídia falava do seu estado e da possibilidade de ele ficar entrevado. Lágrimas vieram aos olhos de Tereza. Não nutria simpatia por ele, mas não lhe desejava mal. Guardou o bilhete e foi à procura da dona da casa.

— Senhora...

Tereza bateu de leve a porta do quarto e não ouviu resposta. Tornou a bater de mansinho e escutou um ressonar que fê-la desistir da idéia de pô-la no momento a par de tão triste acontecimento.

Foi até em casa, pois um bom banho estava lhe fazendo falta. Penteou com cuidado os longos e negros cabelos e lembrouse da zelosa avó. Sacudiu a cabeça não querendo mais tristezas e, antes de retornar a casa grande, foi ver como estavam suas crianças.

CAPÍTULO • ONZE

A acusação

Os peões começaram a labuta fazendo um grande movimento naquelas terras. Apesar do frio, o sol rasgava de mansinho as nuvens, como se quisesse espiar como estavam os filhos de Deus naquele dia um pouco cinzento, para mandar-lhes nem que fosse um raiozinho, para os aquecer, dando-lhes um pouco de alento.

Tereza ia enrolada em sua quadriculada mantilha, cabeça coberta e um cachecol enrolado no pescoço, que havia sido feito por mãos hábeis.

Com os passos apressados, logo o calor fez com que fosse se desvencilhando dos agasalhos.

— Tereza! Tereza chegou!

As crianças vieram ao seu encontro como se já a esperassem. De idade em escadinha, o que um fazia era imitado pelos outros. Quase derrubaram a moça. Estavam alegres e brincalhões e, pela roupa que vestiam, não pareciam sentir frio.

— Vocês acordam antes do cantar do galo. — Tereza os beijou e acalmou os coraçõeszinhos. — Agora que já falei com todos irei ver Mariazinha.

— A mãe saiu bem cedo. Disse que ia procurar o pai que ainda não voltou.

— Tonico, foi ela que disse isso?

— Deixou o recado para você, que cuidasse de nós até ela voltar.

Deus! O que estaria acontecendo àquela família? Algo dizia a Tereza que um grande temporal estava para desabar.

— Vamos, crianças! Já fizeram a primeira refeição?

— O fogão está frio; a mãe esqueceu de pôr lenha para queimar.

— Ela devia estar com muita pressa, e eu tinha lhe falado que viria. Por que essas caras tristes? Vamos!

Tereza pegou os menores pela mão e correu deixando os maiores para trás, e assim começou a brincadeira.

Eram crianças, um pouco de amor e logo elas estavam com os rostinhos desanuviados. Com rapidez de um mestre, Tereza fez vários quitutes com as provisões que tinha levado na véspera.

Sentados em seus banquinhos, os rostinhos sujos, a roupa já maltrapilha, cortavam o coração da moça.

Pensou em dona Eleonora. Apesar de já ter dado as ordens do dia, com certeza sua presença seria requisitada. Mas como poderia deixar sós aquelas criaturinhas de Deus?

Uma voz trouxe-a de volta à realidade.

— Tereza, o pai não vai mais voltar?

— Claro! Ele só está muito atarefado, mas logo retornará. Ela não tinha certeza do que dizia, não sabia de certo o que acontecia. Não conseguira ter uma boa conversa com Mariazinha. A preocupação naqueles rostinhos, a incerteza de seus caminhos, fez com que Tereza esquecesse a hora e por lá se demorasse.

À tardinha, com todos de banho tomado, alimentados, quando pode se sentar, foi que se deu conta do que acontecera com dona Eleonora.

— Crianças, agora tenho que ir. Não saiam daqui. Se vocês se afastarem, quando a mãe de vocês voltar, ficará preocupada. Tonico, você já é crescido o suficiente para tomar conta de seus irmãos. Voltarei amanhã.

Tereza os beijou e foi com tristeza e um aperto no coração que se afastou daquela humilde habitação.

O que falara para Tonico, sabia que não era verdade. Ele era tão criança quanto os irmãos. Crueldade era lhe dar responsabilidade, mas a situação em que se encontrava não lhe dava alternativa a não ser deixá-los nas mãos de Deus.

Foi caminhando lentamente, pois o atraso era tanto que pouco adiantaria correr.

Assim que foi avistada, o recado foi dado:

— Tereza! Onde estava escondida? A patroinha mandou procurá-la em sua casa, mas lá nem fumaça de comida feita existia.

— Calma, está ofegante. Tive várias pequenas razões para daqui me ausentar. Pedro, sabe por onde anda o pai dos meninos que tem moradia perto do lago e tem como responsabilidade o trato do lago?

— Sei não, Tereza. Já estão até falando que ele deu o fora e se embrenhou por esse mundão.

— Mas e a família?

— Ele não batia bem da cabeça, o pobre coitado.

— Não fale assim. Eu o conheço e sei que não é nada do que você está falando. Ele estava perturbado pelas condições em que viviam antes, mas agora pode plantar e colher o que poderá ajudar no sustento da família, e o que o senhor Augustus lhe paga...

— Paga? Tem razão. Conhece Rosamaria, não é? Cabocla que não parece mãe de tantos filhos. Ela é muito cobiçada.

— Pedro, pode parar. Não gosto de maledicência. Com licença, que já me demorei por demais.

Tereza saiu amuada. Entrou na casa grande e foi direto à cozinha.

— Tereza, está um pouco atrasada. Dona Eleonora não cansa de vir procurá-la.

Eleonora estava na sala sentada, com olhos fechados como se estivesse a dormir.

A moça aproximou-se pé ante pé no que foi sentido pela boa mulher.

— Tereza, filha, onde estava?

— Desculpe, quis lhe falar, mas o barulho através da porta dizia que havia pego no sono.

— Lídia voltou e falou do bilhete mandado que não chegou em minhas mãos. Sabe, Tereza, as notícias não são nada animadoras.

Tereza meteu a mão no bolso do agasalho e entregou o que não fizera antes.

— O que é isso?

— O bilhete. A senhora estava descansando, não quis acordá-la para notícias que certamente a entristeceriam.

— Guarde-o, rasgue-o, o que teria que saber, já o sei. Augustus não terá recuperação total. Dos desígnios de Deus não podemos questionar. Mas sinto por ele. Não consigo vê-lo inerte em uma cama.

Eleonora molhava a face com um pranto sentido.

— O que está havendo?

Lídia entrou na sala, mas já escutava a conversa há um bom tempo.

— Dona Eleonora! Conversei com a senhora e a deixei calma. Tem certas pessoas que só servem para trazer aflição.

Tereza sabia que as palavras eram dirigidas a ela, e a maldade continuou.

— Foi bom encontrar você aqui. Onde guardou meu colar que deixei em cima da penteadeira antes de sair? Sei que foi você que arrumou o quarto como pedi.

— A senhorita está enganada. Depois de dar as ordens necessárias na cozinha, tive um compromisso e não permaneci aqui.

— Não foi isso que soube. Você saiu e logo voltou, depois saiu de novo. Não é estranho?

— Estás me acusando de roubo?

— Parem! Lídia, isso não tem cabimento. Tereza é pessoa de confiança e não tiraria de ninguém um grão que fosse. Você deve tê-lo posto em algum lugar que agora não se lembra.

— Impossível. Lembro bem onde o deixei.

— Dona Eleonora, não sou arrumadeira. Não coloquei os pés no aposento dessa moça.

Lídia ferveu de raiva. Seu rosto ficou congestionado e foi ao vermelhão.

— A senhora acredita em um empregado e duvida de minha palavra?

O pranto incontrolável de Lídia fez chegar àquele aposento quem Tereza pensava estar fora.

— Lídia, se fica assim por causa do meu pai, como ficará minha mãe?

— Ricardo, choro por não acreditarem em mim. Sua mãe duvida de minha palavra e isso não posso suportar. Amanhã bem cedo partirei.

Lídia saiu do recinto ainda derramando lágrimas, deixando todos aparvalhados.

— Mãe, pouco entendi da situação, ou melhor dizendo: não entendi nada!

— Filho, é melhor sentar, pois a conversa é longa.

Tudo para ele foi contado para que tirasse as próprias conclusões.

— Tereza, há um mal-entendido que logo se esclarecerá. Vou falar com Lídia e a ajudarei a achar o que diz ter perdido. Verá que logo ela estará aqui se desculpando.

Tereza estava consternada.

— Parece que cada vez que coloco os pés nesta casa algo ruim me acontece.

— Tereza, não pode pensar assim; logo você...

— Dona Eleonora, como sabe minha origem é humilde, mas meu caráter é nobre, pois sou herdeira de pessoas maravilhosas.

Eu sei que acredita que não fiz nada do que fui acusada, mas a dúvida permanece, e gostaria que tudo ficasse esclarecido. De fato, depois que dei as ordens na cozinha, fui embora, mas voltei para lhe entregar o bilhete, embora tenha achado melhor não fazê-lo no momento, por estar descansando depois de uma noite quase em claro.

— Tereza, não precisa continuar. Quem arrumou o quarto deve ter guardado, pois nem você nem quem quer que seja que circula por esta casa pode ser chamado de ladrão.

— Ricardo, vá ter com sua noiva e esclareça isso.

— Minha noiva, mãe?

— Sim. Só não foi oficializado pelo que aconteceu aos avós de Tereza, mas isso não importa no momento. Vá e veja o que de fato aconteceu.

O rapaz sentiu-se meio desconcertado, sem mesmo saber por que, pois ainda não sabia que o que nutria por Tereza ultrapassava a barreira da amizade.

— Senhora, se me permite vou para casa. Estou cansada e acho que agora minha presença não é importante.

— Vá, minha filha. Vamos elevar nossos pensamentos ao Altíssimo e pedir por aqueles que não sabem viver bem. Sabe Tereza, o perdão alivia o coração tanto de quem perdoa quanto do que é perdoado.

— Eu sei. Escutei isso muitas vezes de uma pessoa muito sábia.

— Vá, minha filha. Vá descansar, que amanhã será outro dia e com certeza com tudo esclarecido.

Tereza beijou a mão daquela senhora que se negava a ver o que estava diante dos olhos.

Lídia era uma boa atriz e continuava a encenação em seus aposentos.

Assim que chegou ao quarto, jogou-se sobre a cama em soluços pesados. Ela sabia que Ricardo não ficaria alheio ao que se passava.

Logo pequenas batidas na porta indicaram que chegara quem ela esperava.

— Entre.

— Lídia, pare de chorar, que isso pouco adianta. Deve rememorar o que aconteceu e não acusar aleatoriamente.

— Você também, Ricardo? Acredita mais nela do que em quem vive uma situação irregular e não se importa com isso por amá-lo muito.

Ela sabia como usar as palavras. Ela o conhecia bem.

— Lídia, só estou dizendo que deve estar enganada. Levanta e vamos procurar o que diz ter perdido. No afã de ir ver meu pai, deve tê-lo colocado em lugar agora esquecido.

Ela sentou-se na beirada da cama com o rosto entre as mãos ainda soluçando.

O rapaz ficou penalizado.

— Lídia, não fique assim. Se conhecesse Tereza como conhecemos, veria que essa probabilidade seria impossível.

— Vê como é injusto? Eu posso estar enganada, mas ela não pode estar enganando vocês.

— Lídia, se continuar com essa afirmação, vou embora. Vim aqui para consolá-la e ajudar a esclarecer o fato, e isso só acontecerá se, ao invés de continuarmos essa conversa tola, passarmos a procurar o que diz ter perdido.

— Está bem, Ricardo! Pode desarrumar todo o quarto. Antes de falar, eu o fiz diversas vezes, mas se não acredita na minha palavra, faça-o mais uma vez.

Ela parecia tão certa, tão verdadeira em suas palavras, que Ricardo acreditou. O rapaz sentou-se ao seu lado e acariciou seus cabelos. Ele gostava de Lídia. Acostumara-se com sua companhia. Não a via como mãe de seus filhos e isso o deixava temeroso quanto ao relacionamento dos dois no futuro. Ele não sabia bem o que acontecia, mas quando estava com Tereza o dia era mais alegre, o céu mais límpido e as amarguras eram deixadas de lado. Já com Lídia, parecia que tudo era controlado, ficava comedido e só via o dia passar sem grande interesse. Estava apaixonado e não sabia, tinha sentimentos que não distinguia.

— Lídia, deixemos por hora as coisas como estão. Estou deveras preocupado com minha mãe, pois é difícil digerir o que aconteceu com meu pai. Se me dá licença, vou fazer-lhe companhia.

— Vá, estou mesmo acostumada a viver só. Mesmo morando juntos, quantas vezes me deixou sozinha?

— Lídia, não moramos juntos; ficamos juntos quando você decidia que seria assim.

— Está bem, Ricardo. Se quer mesmo ver por esse lado, mas não falemos de nós no momento; como você disse, sua mãe precisa de quem lhe faça sala.

Não era bem isso que o rapaz queria que ela entendesse, apesar de sua mãe ter passado alguns martírios, tinha certeza que no seu coração só havia amor por aquele que pouco a merecia.

— Vou indo. Espero você na sala.

Assim que ele saiu, ela se transformou. Socou os travesseiros numa fúria incontida. Seu plano não havia dado certo, mas ela jurava que a situação ainda ia reverter-se.

Lídia era fruto do meio em que vivia, fora criada por seus pais sem grandes sacrifícios. Cabia aos empregados zelar por ela. Quando estiveram na fazenda pela oficialização de um noivado que não aconteceu, foram embora agradecendo pela estada curta, que para eles foi um enorme sacrifício. Sem o luxo e o requinte que estavam acostumados, tudo mais os aborrecia.

Lídia não conseguia entender a amizade e o relacionamento direto que eles tinham com Tereza. Não era só ciúmes que ela sentia; sentia-se menosprezada por aqueles que deveriam se curvar a sua chegada. Depois de colocar toda sua fúria para fora, preferiu ficar em seus aposentos, pois por hora o melhor era abandonar a arena.

O cantar do galo acordou na casa quem pouco dormira. Ricardo estava inquieto pelas duas situações que ocorriam: a invalidez do pai e a absurda acusação de Lídia. Sabia que o assunto renderia. Conhecia-a bem. Saltou da cama e viu que suas pernas já respondiam bem as suas ordens. Pela preocupação por seu pai, esquecera-se da dor e de suas limitações ao andar.

O que sentia ficara tão insignificante perante os últimos acontecimentos...

Teria que começar o dia resolvendo a questão que Lídia absurdamente colocara. Antes mesmo de fazer seu desjejum, foi ter com os empregados da casa e meio melindrado pelo que poderiam pensar começou a investigar o "roubo".

— Senhorzinho, eu mesmo arrumei o quarto da moça Lídia, mas não vi jóia nenhuma. Mas, mesmo se a tivesse visto, continuaria no mesmo lugar.

Ricardo abraçou a velha mulher, já arrependido da pergunta feita.

— Minha boa ama, só queria saber se entrou mais alguém naquele quarto. Tenho certeza que logo tudo se esclarecerá, mas tenho que saber dos fatos, pois logo Lídia estará de pé e me colocará isso.

— Quem esteve nesta casa e saiu e depois voltou foi Tereza. Ela deve ter tido suas razões para fazê-lo, mas tirar algo de alguém tenho certeza que nunca faria. Pergunte à moça Lídia sobre seus guardados.

Ricardo abraçou-a, desculpando-se pela lamentável conversa. A casa ainda estava silenciosa, seus passos estalavam na madeira, sendo o único ruído a atrapalhar seus pensamentos.

— Filho, acordou com o cantar do galo?

— Já estava desperto antes disso.

— Está amuado, preocupação com seu pai, não é, filho?

— Com certeza. Mas não é só isso. Calúnias, injúrias, maledicência me tiram o sono.

— Está falando de ontem à noite?

— Mãe, me conhece bem e a Tereza tanto quanto a mim. Essa situação é injusta. Sabemos de seu caráter e o quanto é inverossímil essa acusação; mas algo sumiu, como afirmou Lídia, e isso dá um desconforto quanto à honestidade de quem nos cerca.

— Desconfia de alguém?

— Como poderia? São todos antigos trabalhadores da casa e por serem humildes não quer dizer que sejam desonestos.

— Filho, será que Lídia não esqueceu onde o tenha guardado?

— Ela afirma categoricamente que não; mas acusar Tereza...

— Só pode ser por ciúmes.

— Ciúmes de uma amizade de infância? Somos como irmãos. Sinto falta de Tereza pelo que ela significa para mim, mas deixemos de lado esse incidente, pois a preocupação é meu pai. Logo ele virá para casa, pois a recuperação será lenta e constante. Creio que mais uma semana internado e ele retornará.

— Ele já despertou? Falou do acontecido?

— Ele está sedado. Como não podia mover-se, ficou muito inquieto e precisou de sedativos.

— Filho, como será daqui para diante? Quem tomará conta dos negócios, das terras, de tudo que sempre teve ele à frente?

— Mãe, você é forte e capaz. Por hora estou aqui e depois de formado vamos ver. Não se apoquente. Uma coisa de cada vez. Vamos ajeitar o local onde ele ficará e tudo que deverá precisar.

— Sim, filho. Não vamos lamentar o acontecido, e sim rogar aos céus que nos dê forças necessárias para superar este momento com serenidade. Por acaso você sabe se Tereza já chegou?

— Estive na cozinha e ela não estava lá, mas ainda é cedo, com certeza ainda dorme.

Ricardo estava enganado. Ainda estava escuro, parecendo noite e não dia que logo iria raiar, quando Tereza enrolou-se em sua manta xadrez e se pôs a caminho da casa das crianças.

Tal qual seu amigo, não conseguira pregar o olho. Ser acusada de ladra realmente lhe tirava o sono, mas, ao se lembrar das crianças, sem saber se estavam alimentadas e sem correr nenhum risco, ficou desperta, esperando o novo dia mesmo antes de ele raiar. Preparou um farnel, pois pouco tempo poderia ficar afastada. Tinha compromisso com Dona Eleonora que, com certeza, apesar dos pesares, cumpriria.

Ia apressada com seus pensamentos. Ao chegar próximo a casa, escutou pequenos choros e seu coração disparou. De passadas, passou a correr. Algo lhe dizia que sua presença seria mais do que necessária.

Na soleira da porta, encolhido mediante o frio, estava Tonico. Assim que avistou Tereza, seus olhinhos brilharam. Para ele, ela era o anjo que sua mãe falara e ele tinha certeza que existia.

CAPÍTULO • DOZE

O abandono

— Tereza, estava chamando você. Que bom que escutou.

— Me chamava? Sua mãe ainda dorme?

— Ela nem voltou. Deve estar ainda procurando pelo pai.

Tereza colocou a mão no peito tentando acalmar o coração, pois as batidas fortes pareciam que seriam ouvidas por quem estava perto e também com o coração a saltar.

— Deve ter sido isso mesmo. Na procura por seu pai, sua mãe deve ter perdido a hora; mas vamos entrar, que ficar aqui nesse frio não lhe fará bem. Era você que chorava?

— Não! Já sou grande, não vê?

Ele levantou, encostou em Tereza, medindo sua altura com a mãozinha gélida.

— Sim, já é um rapazinho. Será que esse valoroso rapaz está com fome? E seus irmãos, também estão acordados?

— Acordaram, mas fiz que continuassem na cama. Devem ter dormido de novo, porque estão em silêncio.

— Vamos entrar sem fazer barulho e verei o que posso fazer para aumentar o desjejum.

Realmente as crianças dormiam. Tereza olhou-os penalizada. Uns se enroscavam aos outros como se quisessem se aquecer do frio ou talvez da falta do calor paterno e materno.

Deles nem sinal!

Enquanto preparava o que tinha prometido a Tonico, se perguntava como iria embora deixando-os ali à frente de todos os perigos. Onde estaria Mariazinha? Como pode largá-los se sempre foi uma mãe extremosa?

Uma panela escapou de suas mãos fazendo um grande barulho, quebrando o grande silêncio.

Logo cabecinhas levantadas saudaram a moça com alegria inesperada.

— Tereza! Ficamos quietinhos porque sabíamos que viria.

Logo estava ela cercada por pessoinhas que já faziam parte de seu viver. Naquela hora, abraçando um por um, sentindo enlaçar seu pescoço bracinhos firmes, mas que ainda não davam para abraçá-la totalmente, sentiu o quanto ainda eram pequenos e não poderia deixá-los entregues à própria sorte.

— Crianças, querem dar um passeio até minha casa? Passarão lá o dia, e logo que a mãe de vocês retorne irá buscá-los.

Foi uma arrumação só. Uns corriam de lá para cá, outro dava cambalhota, outro já pegava as rotas roupinhas e colocava nos braços de Tereza.

— Calma, crianças! Parem um pouco, deixem-me respirar. Eu perguntei se queriam ir comigo, mas isso não quer dizer que não tenham que fazer a primeira higiene do dia.

Assim que acabou de falar, Tereza deparou com um quadro simplório.

Como já acontecera antes, eles pararam de imediato o que faziam e olhavam as mãozinhas e os pés, examinando-os para ver se estavam aptos à observação de Tereza.

— Não as mãos; mas cada um pegue a escovinha que lhes trouxe e vamos lavar os dentes e o rostinho. Quem acabar primeiro, será também o primeiro a receber uma boa e gostosa fatia de bolo.

Pronto. Estava dado o sinal para nova algazarra.

A claridade começou a entrar de mansinho naquela modesta habitação. Lembrando a Tereza que era hora de retornar.

— Crianças, vamos nos pôr a caminho. Vou deixá-los por algum tempo em minha casa enquanto cuido de alguns afazeres na casa de dona Eleonora.

— Vai nos deixar sozinhos como fez o pai e a mãe?

O rostinho de Tonico era só preocupação, o que não deveria acontecer ainda em idade tão tenra.

— Onde vou deixá-los será fácil me verem. De vez em quando vou acenar para vocês da varanda, dando-lhes a certeza de onde estou.

Tonico chegou bem próximo da moça, puxou-lhe a saia pedindo que abaixasse para escutá-lo.

— Tereza, lá mora aquele homem de quem não gosto. Acho melhor ficar aqui com meus manos e esperar a volta da mãe e do pai.

— Tonico, confie em mim. Será melhor para você e seus irmãos. Deixarei um bilhete para Mariazinha e logo que ela retornar irá buscá-los.

Tereza não quis falar para aquela criança que o senhor Augustus estava impedido de fazer qualquer coisa. Não, não podia encher mais a cabecinha daquele anjinho.

Tereza pegou-o pelo ombro, olhando bem em seus olhos, fez de novo a pergunta:

— Então, Tonico, você confia na Tereza?

O menino balançou a cabecinha em sinal afirmativo, e isso também foi o sinal para os demais se porem porta fora.

Foi uma longa caminhada. Enquanto uns iam à frente, sempre havia quem tinha perdido o calçado, fazendo-os retornar.

Era uma pedrinha diferente que paravam para colocar no bolsinho ou era uma flor com algum inseto pousado que lhes prendia a atenção como se nada mais existisse.

— Crianças, se não apressarmos o passo, quando lá chegarmos já será hora de voltar.

De imediato eles pararam e se puseram em fila de cabeças baixas como se fossem soldadinhos.

Andaram um pedaço em silêncio e Tereza não agüentou:

— Por que o silêncio? Tonico, fale a seus irmãozinhos que não dei um pito, só tenho que chegar antes que dona Eleonora desperte.

O menino, como se fosse já um rapazinho, mãos nos bolsos e olhar sério, deu a devida explicação:

Dois corações e um destino • 161

— Tereza, se não formos bons meninos, você nos levará de volta para casa, não é? Não queremos ficar sozinhos. Se a mãe não aparecer mais, podemos ficar com você para sempre?

Agora foi a vez de Tereza estancar sem conseguir sair do lugar.

Ainda não tinha pensado nessa possibilidade. Onde estariam os pais daquelas crianças? Intrigava-a e era motivo de preocupação, mas que eles não retornassem mais, Deus! Pensou Tereza. Sua situação já era delicada em relação a sustento e habitação, mas ficar com as crianças se algo acontecesse era uma idéia que ainda não tinha lhe passado pela mente. Sentiu puxar-lhe a saia e despertou de seu devaneio.

— Tereza, vai chegar atrasada se ficar aí parada.

— Sim, crianças. Vamos dar uma boa corrida que fará bem aos nossos pulmões.

Correr. Aquela sim era uma palavra mágica.

Tereza à frente corria em direção a um grande monte de feno e se jogou nele como fazia em criança.

Logo vários corpinhos lhe caíram em cima numa grande algazarra. O silêncio estava quebrado, apesar de ter começado cedo a lida. As crianças estavam maravilhadas e até esqueceram suas dores.

Tereza era seu anjo bom.

O sol brilhava em toda sua força quebrando o gelo, tanto do ar quanto daqueles pequenos coraçõezinhos.

— Diverte-se em vez de trabalhar? Dona Eleonora deveria vê-la agora. Sua máscara de boazinha cairia. Livre-se desses pequenos moleques que a cozinha a espera. Não esqueça que ainda espero a devolução de minha preciosa jóia.

Lídia deu as costas deixando Tereza sem ação.

As crianças como sempre pareciam pedrinhas em meio ao feno.

Tereza levantou-se, colocou um sorriso no rosto e fez voltar a alegria àqueles rostinhos angelicais.

— Vamos, crianças. Quero deixá-los abrigados em minha casa enquanto trabalho.

Tonico puxou-lhe a vestimenta retirando o feno nela grudado. Tereza ainda brincou, esticando os braços fingindo ser um espantalho. As crianças caíram na gargalhada e o rostinho sério de Tonico desanuviou.

Tereza do jeito que estava correu até sua casa, seguida pelos pequeninos que lhe imitavam. O que acontecera antes ficou esquecido perante a mágica do amor que Tereza tinha por eles.

Tonico foi o primeiro a adentrar.

— Aqui que você mora? Sua casa parece um palácio.

— Já esteve em um palácio?

— Claro que não. Mas a mãe conta histórias de princesas e príncipes que moram em palácios. Você não é uma princesa?

Tereza ficou emocionada. Onde estaria aquela mãe que tão bem soube criar os filhos até aquela data?

— Tonico, somos o quisermos ser. Mas agora peço que seja o guardião deste palácio e cuide para que seus pequenos habitantes não saiam por aí a correr. A varanda é o limite para as brincadeiras. Atrás da casa tem uma horta que vamos cuidar assim que eu voltar.

— Vai nos deixar sozinhos?

— Sabe onde é a casa grande; se algo acontecer, vá me chamar.

— Se você sumir como o pai e a mãe? Eles também falaram que voltariam logo e o dia sumiu e a noite desceu e eles não voltaram.

— Está vendo ao longe aquela grande varanda? De tempos em tempos, lhe acenarei. Assim está bem?

— Não sei. Tenho medo que não volte.

— Tonico, se a tristeza se instalar em seu coraçãozinho, seus irmãos também ficarão tristes. Acredite em mim.

O menino limpou uma lágrima que teimava em escorregar pelo seu rostinho e sorriu timidamente.

Tereza saiu da casa com o coração partido. Tinha obrigações a fazer e as cumpriria. Não podia desapontar quem lhe tinha confiança plena. Isso foi mais do que demonstrado no momento em que foi acusada de roubo. Sacudiu a cabeça querendo espantar tristes acontecimentos.

— Pedro, foi bom encontrar você, já que diz que tudo sabe, que nada acontece sem que tenha posto as vistas, poderia me fazer um favor?

— De imediato. Apesar de você não ser patroinha, seu pedido, rainha, é uma ordem.

Ele falava galantemente com chapéu encostado ao peito, o que foi motivo de riso.

— Tereza, sou motivo de chacota?

— Pedro, você é engraçado querendo ser galanteador. Mas vamos ao que interessa. Já lhe perguntei sobre os pais das crianças, que, como você já deve ter visto, estão em minha casa. Você rodeou e acabou por não dizer se sabe de seus paradeiros.

O homem coçou a cabeça e entregou:

— Dizem as más línguas, que não sou eu... — ele nem terminou de falar e já se benzia, continuando:

— ...dizem que o pai das crianças se enrabichou por uma cabocla e juntaram as trouxas indo embora por esse mundão.

— E Rosamaria?

— Dizem que lhe foi ao encalço.

— Não. Não pode ser verdade. Ela não deixaria os filhos entregues à própria sorte.

— Não deixou. Ela sabia que teria quem cuidasse deles.

— Quem?

— Tereza, pensei que fosse mais esperta. Professorinha que é, parece nada saber da vida e das pessoas.

— Está bem, Pedro. Já vi que nada sabe. Simples deduções ao que parece.

— Simples o quê?

— Deixe eu me chegar, Pedro. Estou atrasada; tenha um bom dia!

Ela se afastou, deixando-o aos resmungos. Assim que subiu os degraus que davam à grande varanda, deparou com dona Eleonora.

— Tereza, minha filha, pensei que não viesse mais.

— Desculpe o atraso. Tive pequenos assuntos a tratar.

— Mais do que cuidar do serviço, preciso de sua companhia. Depois de dar as ordens necessárias na cozinha, venha ter comigo. Precisamos aprontar um cômodo aqui por baixo, pois logo, logo, Augustus retornará.

Tereza abraçou-a ternamente, prometendo logo voltar.

Assim aconteceu. Um quarto que era destinado a hóspedes foi desarticulado e providenciou-se o que Augustus iria precisar.

Em meio aos afazeres, Tereza pedia licença e ia até a varanda. Ao longe, várias mãozinhas lhe acenavam, e Tereza retornava ao quarto com o rosto iluminado.

— Tereza, minha filha, está estranha. Está desassossegada.

Por hora, Tereza não queria lhe falar das crianças. Ela já tinha tantas preocupações. Falar dos pequeninos em sua casa significava lhe contar sobre o desaparecimento dos pais. Então, era melhor por enquanto deixá-los de fora.

— Fui respirar um pouco de ar puro e acenar para as criaturinhas de Deus.

Eleonora sorriu sem entender bem a colocação das palavras. Logo entrava no quarto Lídia e não deixou de escapar o comentário:

— Diz que não é arrumadeira da casa e o que faz no momento é diferente disso?

No exato momento que Lídia adentrou no quarto, Tereza forrava a cama com delicadeza e esmero.

— Senhorita Lídia, o que faço agora poderia também fazer. Arrumar um cômodo, uma casa, seja lá o que for, não desmerece ninguém.

— Dona Eleonora, ainda bem que está escutando. Uma reles empregada ousa fazer comparações. A senhora vai me desculpar, mas o erro está em quem dirige esta casa.

— Lídia! Não acha que já está passando dos limites? Apesar de ainda faltar uma semana para o término das férias, é melhor apressar sua volta — disse Ricardo entrando no quarto.

— Ricardo, está me mandando embora por causa dessa empregadinha?

Eleonora achou que era hora de dar um basta em tão tola discussão:

— Lídia, esta casa é conduzida com amor e igualdade entre todos. Quem aqui trabalha não é pior nem melhor do que qualquer um que aqui habita. Creio que Tereza merece suas desculpas.

— Não acredito no que estou ouvindo. Fui roubada, humilhada, e ainda tenho que pedir desculpas?

Tereza se adiantou e, antes que ela continuasse, pediu licença, saindo do quarto. Precisava respirar ar puro. Precisava deixar lá dentro do quarto as injúrias sentidas.

Tereza tirou o avental que lhe rodeava a cintura, foi até a cozinha, pegou a panela em que tinha separado o que iria servir às crianças e foi para casa saindo pelos fundos.

— Tereza! Lá vem Tereza!

Foi uma correria só. Assim que avistaram a moça, iniciaram uma desabalada carreira. O primeiro a chegar foi Tonico.

— Tereza, estávamos esperando que saísse pela varanda e você nos enganou direitinho.

Ele falava e a enlaçava pela cintura como se quisesse certificar-se de que ela realmente estava ali.

— Tonico, aconteceu algo? Está assustado!

— Não. Eu sabia que você não ia demorar. A vovozinha disse que ficássemos quietinhos que logo retornaria nos trazendo comida fresquinha.

— Vovozinha? Onde está ela?

— Na sua casa.

O coração de Tereza disparou. Suas pernas amoleceram, que parecia não quererem mais sustentá-la.

Os outros pequeninos aproximaram-se, fazendo Tereza despertar.

— Tereza, vamos! Você falou que íamos mexer com a terra.

— Vamos, crianças. Quero ver quem chega primeiro a casa!

Foi uma correria só. Logo Tereza estava às gargalhadas, pois os maiorzinhos, podendo ser os primeiros a chegar, esperavam os que ficavam para trás e foi isso que fez Tereza desanuviar-se. Eles assim que entraram postaram-se à mesa, pois o cheirinho delicioso do que Tereza tinha nas mãos só poderia ser para eles.

— Estão famintos? Várias cabecinhas responderam em sinal. Pois, se querem comer, que tal irem lavar as mãozinhas?

Enquanto faziam o que foi mandado, Tereza percorreu a pequena casa procurando alguém que tinha certeza não estar mais ali.

Mais além... Longe das formas humanas, mas sempre ligadas ao coração...

— Emerecilda, você pediu e foi atendida, mas, se ficar amuada, fará mais mal do que bem à menina.

— Preocupo-me com o amanhã. Como sustentará aquelas crianças se ela ainda é uma delas?

— Está enganada. Tereza é moça formada tanto em tamanho quanto em lucidez. Vamos orar ao Pai e pedir para ela e todos que a cercam, serenidade, paz e harmonia.

— Mas a moça da cidade não a deixará em paz.

— Se acredita nisso é melhor orar com mais fervor. Agora vamos, que o trabalho nos espera. Muitos chegam e precisam de consolação. Já aprendeu que ajudando ao próximo estamos nos ajudando primeiro. A mão estendida fortalece os dois lados.

Emerecilda viu que estava sendo egoísta em sua dor. Aprendera a ajudar aos que chegavam como ela, coração partido pela separação, pelo desespero de não poder mais compartilhar os momentos certos e incertos com as pessoas amadas. Ela tinha que ensinar o que aprendera; laços não se desligam, mas, para que isso aconteça, tem que se ter o aprendizado que o desespero, a não aceitação da nova caminhada, o ficar ao lado dos seres amados sem ter a compreensão do todo, não fará bem a ninguém. Assim que chegou, Emerecilda era um mar de lamentos. Suas dores sentidas chegavam até quem ela deixara. Mas, com carinho e dedicação daqueles que a cercavam e conduziam pela escola astral, o entendimento veio aos poucos. Emerecilda sempre foi guerreira, mulher de muita fé. Quando seus filhos quiseram partir à procura de novos horizontes, apesar de ficar com o coração partido, cada um levando-lhe um pedaço, não os impediu.

A mãe de Tereza, a última que partiu, foi aconselhada, mas não impedida.

— Vamos, Emerecilda, deixe os pensamentos por hora e vamos, pois o trabalho nos espera.

Emerecilda seguiu seu instrutor espiritual, mas os pensamentos a acompanhavam, e distraída que estava não via por onde passava.

— Emerecilda, sempre foi uma admiradora constante das obras de Deus, mas agora nem olha o que a rodeia.

— Desculpe. Tentei deixar de lado minha preocupação por Tereza, mas não consegui.

— Olhe mais adiante. Veja quem está cuidando dos vastos jardins.

— Prudêncio!

— Deus! Não é que falaram que ainda a veria? Pensei ser impossível! Você quis ficar com nossa menina e pensei que nossos caminhos nunca mais fossem se cruzar.

— Você está muito bem.

— Não tão bem ainda. Deixaram-me fazer o que mais gosto. Aos poucos o entendimento me vem e vejo o que poderia ter feito e deixei de fazer.

— Você foi um bom homem.

— Foi pouco. Fui omisso. Meus filhos partiram e desencarnei sem sabê-los bem. Fui cúmplice de quem fora nosso patrão, de seus feitos.

— Não; não fale assim. Sabe que não é verdade.

— Não, Emerecilda. Aqui aprendi: se você sabe que o mal está sendo feito e nada faz para mudar, está sendo participativo. Eu via e nada falava. Se não o fiz com meus atos, pouco fiz com minhas palavras.

— O senhor Augustus não tem limites — disse ainda.

— Agora ele está limitado.

— Como sabe? Então, graças aos céus, ele mudou.

— Ainda não, meu velho. Posso ainda chamá-lo assim? — perguntou ela a quem a guiava.

— Apesar de Prudêncio não ter mais essa casca envelhecida, velho significa a vida plena que viveram, o tempo. Sabe, Emerecilda, vocês optaram por uma vida simples desde que ficassem juntos. Em vidas passadas, os dois foram filhos de fidalgos que viviam se batendo em guerras frívolas. O amor de vocês foi impossível, acabando por fazer desencarnar o amor de sua vida, quando ele foi inocentemente pedir um basta, que a paz fosse selada.

Não foi ouvido e, na volta, em uma emboscada, deu término em sua estada terrena. Você passou a viver em um mundo próprio. Trocava de vestimenta com suas camareiras e cuidava nas ruas daqueles que com tantas batalhas acabavam desencarnando de fome, frio ou feridas infeccionadas. Você colocou todo o amor que sentiu por alguém que partira para ajudar ao seu próximo. Continuou sua missão até que um dos que você cuidou era de mal sem cura. Mais tarde, ao se encontrarem de novo, depois de um tempo em preparo, tiveram a permissão de viverem de novo, agora juntos, um amor simples, mas de paz e harmonia.

— O que não posso entender é que todo esse amor não conseguiu segurar nossos filhos perto de nós.

— Cada um teve uma história a seguir; mas lembre-se de que o caráter, a fé, o amor de vocês foi a força para que seguissem adiante. Eles também fizeram parte da vossa história, mas, ao contrário de vocês, deveriam partir e resgatar em uma nova existência o que não conseguiram em outra. Mas Deus em sua benevolência deixou que eles antes pudessem usufruir desse amor que por eles foi impedido anteriormente.

— Nossos pais?

— Entenderam agora?

— Ainda é muito confuso.

— Tereza? Também faz parte dessa história?

— Por agora já é muito o que puderam saber, vamos deixar o restante para dias futuros.

Emerecilda, que daquele lugar não queria mais sair, ia pedir, mas foi antecipada:

— Emerecilda, seus pensamentos são claros como tudo que aqui vê. Poderá sempre vir aqui e quem sabe até ajudar Prudêncio. No momento os dois têm que caminhar separados, não por castigo ou algo parecido, mas por aprendizagem.

Emerecilda se afastou, novamente conduzida por aquele que falava, e o som parecia música melodiosa.

Ao olhar para trás, viu que seu velho voltara aos afazeres. Estava em paz.

Enquanto isso, na casa de Tereza:

— Tereza, fizemos direitinho o que você mandou. Olhe como estão limpas nossas mãos!

— Desculpem, crianças, estava distraída e nem vi que já estavam a minha espera.

Tereza apressou-se em distribuir nos pratos o que ainda estava fumegante.

Os olhinhos das crianças brilhando, a vivacidade em seus rostinhos, eram panos brancos colocados sobre as aflições da moça.

Enquanto as crianças devoravam o que tinham à frente, ela foi sentar-se na varanda. Estava deveras cansada. Não ficou muito tempo só.

— Então diz que nada tira da casa sem que lhe seja permitido, mas, como eu já me informei, não foi com permissão que trouxe o que deveria ficar na casa grande.

— Lídia, estou cansada demais para lhe responder. Já que não gosta de misturas e comparações, não é melhor voltar para onde deveria estar nesse momento?

— Só vim avisá-la que você não ganhará esse jogo.

— Jogo?

— Da vida, ou você não sabe que essa vida é um jogo? É tola. Não sei o que tem de tão especial para cativar quem teima em defendê-la. Deve ser magia.

Mesmo cansada, Tereza levantou-se para responder à altura, sem deixar sua meiguice de lado.

Tereza caminhou até ela e falou com sinceridade:

— Me acha tola, mas quem será mais tola? Tem ao seu lado pessoas, e já deveria ter percebido, que transbordam em amor. Em vez compartilhar, usufruir de suas companhias, tudo que faz é destilar veneno. Eles estão passando por momentos difíceis e você só faz aumentar essa agonia.

— Como ousa falar assim comigo?

Lídia esbravejava.

— Senhorita Lídia, estou em minha casa.

— Vamos ver por quanto tempo.

Lídia pegou as saias para poder correr melhor. Foi até a casa de Tereza, pois a viu passar com o que levava para as crianças e foi até a cozinha verificar. Ela não sabia para quem seria, pois a pergunta ao serviçal foi se dona Eleonora tinha dado ordens para Tereza levar algo para alguém.

Com a resposta negativa, viu que tinha a moça em suas mãos, mas a tranqüilidade de Tereza a desarmou.

Chegou a casa esbaforida e deu de encontro a Ricardo que estava a sua procura.

— De onde vem para estar nesse estado?

— Fui mais uma vez me humilhar. Tentei fazer ver a Tereza que nada tenho contra ela, mas, em troca, só recebi palavras como se fossem facas afiadas vindo diretas ao meu coração.

Lídia chorava abundantemente. Ricardo abraçou-a desconcertado.

— Lídia, sossegue. Não sei o que aconteceu entre você e Tereza. Amo as duas de maneira diferente.

Ela nem o deixou terminar. Rosto molhado, face brilhante e corada, rosto angelical, segurou o rapaz com as duas mãos e formulou a pergunta à qual com certeza ele não saberia de fato responder.

— Ricardo, ama-me como sua futura esposa, não é?

Ela encostou seus lábios nos dele, talvez temendo a resposta. Ricardo afastou-a delicadamente.

— Lídia, peço sua compreensão. Meu pai está para chegar a qualquer momento, não tenho cabeça para idílios. Me perdoe.

— Eu que tenho que pedir desculpas, meu amor, pela infantilidade. Você com tantas preocupações, e eu me comportando como uma mocinha desvairada. Me perdoe.

Mais uma vez o rapaz ficou desconcertado. A beleza de Lídia, seus olhos brilhantes, o confundiam. Mas só por instantes. Seu olhar se desviou e foi até onde risadas de crianças desanuviavam tristes pensamentos.

— Lídia, essas risadas de crianças vêm da casa de Tereza?

— Como posso saber? Ela me expulsou antes que eu tenha me aproximado da porta.

Ricardo nem escutou as últimas palavras. Seus olhos não conseguiam se desviar de um ponto distante.

— Lídia, minha mãe deseja lhe falar. Vou dar algumas ordens aos empregados, depois irei encontrá-la.

Ricardo beijou-lhe a face, e Lídia estufou o peito. Mais uma vez ela ganhou a luta — isso pensou ela.

De fato o rapaz tinha ordens a dar, mas a desculpa foi para que fosse averiguar o que estaria acontecendo na casa de sua boa amiga.

— Tereza, veja quem vem chegando!

Tereza amuou. Com certeza ele tinha vindo tomar satisfações pelo desacerto com Lídia.

— Bom dia! Então, Tereza, eles não voltaram?

Ricardo evitava falar claramente, pois era ouvido por muitos.

— Crianças, vão brincar! Tonico, vá com eles para trás da casa. Como lhe falei, lá tem o que colher. Leve essas tinas que já separei, que logo estarei com vocês.

O menino bateu continência e saiu em retirada tendo seu pelotão a acompanhá-lo.

— Como vê, tive que trazê-los para não deixá-los sozinhos com fome e medo a rondar-lhes.

— Sabe o que aconteceu a seus pais?

— Só sei o que escuto aqui, acolá; mas nada de concreto. A única certeza que tenho é que não vou deixá-los sozinhos e para isso conto com sua compreensão.

— Claro, Tereza. Em que posso ajudá-la?

— Permitindo que eles fiquem aqui por hora, já seria de grande ajuda.

— A casa é sua, esqueceu?

— Não é assim que pensa seu pai.

— Eu é que estou à frente de tudo, mas, mesmo se assim não fosse, não deixaria esta casa.

— Está bem, não fique furioso, que isso não fará bem a ninguém. Você encontrou Lídia?

— Esbarrei-me com ela. Disse-me que tiveram novo atrito.

— Não quero falar sobre isso. Me magoa demais. Tenho que estar bem, pelas crianças.

— As crianças tem razão. Você parece um anjo.

— Sabe bem que não sou. Dei aos meus avós muito trabalho quando pequena.

— Você? Como poderia? Era um doce de criança. Lembra as nossas correrias em que entrávamos casa adentro, pés sujos de lama, manchando o assoalho?

Tereza deu uma sonora gargalhada. Era muito bom relembrar a infância.

O rapaz viu a alegria estampada naquele rosto angelical e teve ímpetos de abraçá-la. Foi um breve momento em que o tempo parecia ter parado.

— Tereza, não vem?

Tonico estava à porta, braços cruzados, fisionomia fechada.

— Ricardo, me perdoe. Tenho que ir. Prometi às crianças ajudá-las a mexer com a terra.

— Elas ficarão aqui?

— Permite?

— Tereza, já lhe disse que a casa é sua e se assim é...

— Não posso levá-los de volta sem sabê-los cuidados. Deixei um bilhete onde estariam; se Rosamaria não vier, também não os levarei. Estou preocupada com o que pode...

Tereza não continuou, pois percebeu olhinhos brilhantes a espreitá-los.

— Depois conversaremos. Não quero que as crianças nos ouçam.

— Vai voltar a minha casa?

— Deveria, mas não queria deixá-los sós.

— Direi a minha mãe que está muito ocupada. Na verdade está maravilhosamente ocupada. Parece mãe dessa turminha.

— Ricardo, não é hora para brincadeiras.

Ricardo retirou-se deixando sua risada no ar. Quando foi procurá-la, estava com o coração apertado, agora saía de sua casa com a face transformada.

Dias passaram e a situação não mudara.

Lídia evitava encontrá-la. Ricardo contornou a situação anterior dizendo que ela cumpriu ordens ao deixar a casa carregando refeição, e foi do mesmo jeito nos dias que se seguiram.

Dona Eleonora não soube das crianças, pois entregava-se à leitura. O Evangelho era lido e relido. Dele tirava forças para a compreensão dos acontecimentos.

CAPÍTULO • TREZE

O enfermo retorna

Ricardo todos os dias ia até a Casa de Saúde e numa dessas vindas trouxe quem já era muito esperado por Eleonora. Ela ficou deveras emocionada ao vê-lo, pois Ricardo, sempre dizendo que ele logo estaria de volta, fez com que ela aguardasse sua chegada em meio às orações.

Augustus, apesar do pouco tempo afastado, estava irreconhecível. Magro, ossos do rosto sobressaindo, olhar distante, palidez total.

Eleonora enxugou as lágrimas que teimavam em descer por sua face. Não era hora para choros — pensou ela.

Tinha que ter forças para que seu esposo sentisse que ali estaria seguro e que logo retomaria todas as funções.

— Ricardo, chame Pedro. Não vai conseguir sozinho acomodar seu pai.

— Eu o ajudo — disse Tereza.

— Tereza, minha filha, deixe isso para homens. Será esforço demais.

— Terá que ser esforço com cuidado e essa parte uma mulher sabe fazer melhor.

— Se assim o diz.

Lídia nem apareceu. Viu da janela que chegavam, mas não queria presenciar cenas de lamúrias. Esperava mais de suas férias. Não tinha conseguido o noivado, e agora Ricardo se dedicava exclusivamente ao pai. Ainda tinha a insuportável Tereza.

Assim pensando, preferiu pegar um livro e dedicar seus pensamentos a ele.

Na parte baixa da casa...

Quando Tereza foi ajudar o rapaz e tocou em Augustus, naquele corpo inerte, seus olhos deram de encontro àquele olhar que antes fixava o vazio. A moça estremeceu. Parecia que as forças lhe fugiam e só deu tempo de abaixar na cama aquele corpo sustentado pelo lençol.

Tereza cambaleou, no que foi amparada por Eleonora.

— Tereza, está pálida. Não falei que era muito esforço para uma mocinha?

Tereza mal pode responder. Estava fraca, suas pernas pareciam amolecidas, sem poder sustentá-la.

— Filha, não deve estar se alimentando direito. Sente aqui e quando melhorar vá até a cozinha e tome um bom caldo quente.

Ricardo a olhava tentando entender. Tereza era uma moça forte, de muito equilíbrio. Tanto no corpo quanto na mente. O rapaz se perguntava se seria a situação em que se encontrava seu genitor que a deixara assim. Sabia que ela o temia, tinha consciência que muitos o temiam. Olhou aquele corpo inanimado e sentiu dó. Pobre pai! — pensou ele. Sempre tão altivo, dono de todas situações e agora...

— Filho, vamos acabar de ajeitar o que você começou. Parece disperso.

Eleonora falava e arrumava o esposo entre cobertas.

— Ricardo, tem que ver o receituário. Com orações e muito zelo, tenho fé que essa situação em que se encontra seu pai logo se inverterá.

— Mãe, tenho que lhe falar.

Ricardo tinha certeza que, se o pai não tinha forças para se movimentar, faculdade não lhe faltava para entender o que diziam.

Quando ficou a sós com a mãe, passou-lhe o que lhe foi dito.

— Mãe, os exames laboratoriais nada acusaram, como também as radiografias feitas. O que os médicos pensaram antes foi por terra; os exames revelados nada acusaram que possa deixar o pai nesse estado de prostração.

— Como? Esse foi o diagnóstico? Como então ele se encontra nesse estado?

— Não sabem, mãe. Foge ao conhecimento deles.

— Deus! — Eleonora sentou-se, pois não conseguia manter-se de pé.

— Dona Eleonora, escutei o que Ricardo lhe falava. Desculpe a intromissão, mas esses médicos daqui usam uma medicina atrasada. Leve-o para a cidade grande e verá que logo o diagnóstico será acertado. Ligarei para meus pais, que com certeza não lhes negarão hospedagem. Lá será melhor para procurarmos um bom profissional, ou vão deixá-lo morrer à míngua?

— Lídia!?!

Ricardo estava ficando exasperado com o comportamento da moça que não tinha meias palavras.

Dona Eleonora, apesar do sofrimento, estava sempre condizente.

— Lídia, agradeço sua preocupação. Augustus agora está entre os seus, e isso com certeza ajudará em sua melhora. Se for necessário, faremos o que sugere e desde já agradeço a acolhida de seus pais. Agora deixe-me voltar ao quarto, pois ele pode estar precisando de ajuda.

Eleonora se retirou, deixando os dois num clima tenso.

— Lídia, meça suas palavras. Apesar de meus pais morarem aqui, não estão isolados do mundo. Ele fez os exames devidos e os resultados são claros. Na queda não houve nenhuma lesão como se pensou a princípio. Agora que lhe dei as explicações devidas, com licença.

O rapaz retirou-se, fazendo chegar ao rosto da moça o vermelhão.

Lídia sentiu-se ilhada por um mar revolto, infestado de tubarões querendo lhe devorar a qualquer momento. Sentiu falta de casa, das compras feitas quando algo a aborrecia. Seu pai era benevolente quanto a preencher os cheques sem dar-lhe limites. Comprava o que já tinha e chegava em casa com caixas e mais caixas que nem se importava em abrir.

Lídia ficou amuada. Isolou-se em seu quarto e mergulhou na leitura, esquecendo que alguém poderia precisar de sua ajuda.

Ricardo saiu de casa em passos apressados sem direção certa a tomar. Escutou ao longe risadas de crianças e sem perceber para lá se dirigiu. Em meio ao caminho, parou e tomou direção contrária. Agora tinha certeza de seus passos. Chegou onde queria e bateu palmas para chamar a atenção de quem estivesse na casa. Nada. Nem um ruído. Aproximou-se para bater na porta e, quando fê-lo, ela abriu sem um ranger.

— Senhora, há alguém em casa?

Nada. E, como a casa era minúscula, só com um olhar via-se que estava deserta. Só um papel, folha que fazia parte de um caderno, balançava com o vento vindo da porta. Estava preso na borda da mesa e chamou a atenção do rapaz. A situação permitia que fosse lido sem ser intromissão.

O rapaz começou a ler e teve que se sentar com a revelação. Rosamaria explicava na carta o sumiço e entregava as crianças aos cuidados de Tereza. Mas o que baqueou o rapaz foi o motivo da partida.

Dizia ela:

Tereza, não consegui suprir minha mesa só com o plantio. Antônio foi embora e ele teve fortes motivos para isso. Fui culpada. Exigi demais dele, mas, mesmo assim, fui tentar trazê-lo de volta, pois o amo, no entanto meu passado me condena. Fui fraca. Podia ter fugido, mas os trocados deixados na mesinha eram a comida dos dias que se seguiam. Só não me arrependo de ter tido as crianças e de não as ter despejado fora como queria quem me engravidou. Quando Antônio veio morar comigo, nunca mais permiti que esse homem de mim se aproximasse. O nome dele nunca havia revelado. Quando do acidente do barranco, esse lugar nos foi oferecido e aí começou minha expiação. Ele voltou a me procurar e minha paz acabou.

Quando numa discussão disse-lhe que não permitiria que me usasse mais, que eu tinha meu esposo, minha família formada, não pensei que Antônio estivesse já em casa e a tudo tivesse escutado. Tereza, cuide de minhas crianças. Vou em busca de trabalho e, quando tiver condições, volto para buscá-los. Não pense que não os amo. Eles são minha vida. Com certeza terá ajuda da casa grande e não será mais do que uma obrigação do senhor Augustus. Me perdoe. Beije meus filhos por mim.

— Meu pai, até onde vai sua culpa? As crianças... Deus! Não, ele não seria tão sem escrúpulos.

O rapaz ficou ressabiado. Que atitude deveria tomar, ele se perguntava. Seu pai, da maneira que estava, não poderia responder por nada.

O rapaz dobrou o papel, guardou-o e tomou caminho para a casa de Tereza. Essa nem o viu chegar, pois estava entretida com várias histórias que cada um insistia em lhe contar.

— Será que posso interromper só um pouquinho?

Tonico nem esperou Tereza responder:

— Venha, sente-se. Estamos contando para Tereza as histórias que nossa mãe nos conta para a gente dormir.

— Se me permitem...

Estavam todos sentados no chão da pequena sala. Tereza chegou-se para perto dos pequenos, deixando espaço para que

Ricardo pudesse ocupá-lo.

— Tereza, tenho que lhe falar. Fui até a casa dos...

— Psiu! Vários dedinhos foram aos lábios indicando a Ricardo que o momento era só para escutar.

Ele os olhou e sentiu uma ternura imensa. Maior do que já lhes tinha.

— Desculpem. Esperarei minha vez.

As histórias pareciam intermináveis. Apesar da paciência do rapaz, seu tempo era pouco.

— Tereza...

— Psiu! Ainda não é sua vez. A mãe nos diz que, quando um fala, os outros só tem que ter ouvidos.

Tereza olhou para Ricardo, deu um sorriso e fez sinal para Tonico, que concordava plenamente.

Depois de várias historinhas contadas, e muitas foram motivo de muitas risadas, chegou a vez de quem agora esperava por isso impacientemente.

— Então, agora posso contar minha história, não é?

Tonico afirmou com a cabeça e várias cabecinhas o imitaram. Então, Ricardo continuou:

— Vou fazer o seguinte: contarei uma história para todos, mas peço a vocês um breve tempinho para falar a sós com Tereza. Concordam?

Houve um silêncio. Nenhuma das crianças queria ficar longe de sua fada madrinha.

— Crianças, não sairei daqui. Vou até a varanda ver o que esse moço de reluzente armadura quer com essa feia donzela e logo voltarei.

As crianças riram de rolar no chão. Feia? Como Tereza podia se achar feia? Eles não entendiam, pois para eles ela era a mais linda das princesas das historinhas que ouviam.

Ricardo pegou a moça pela mão, que se deixou conduzir até o canto da varanda, onde de certo as crianças não os ouviriam.

— Tereza, fui até a casa das crianças.

— Você sabia que elas estavam aqui; foi procurar seus pais?

— Precisava fazer algo. Elas não poderiam ter sido abandonadas. Nem os animais têm tal comportamento. Mas quero lhe falar do que encontrei.

— Achou-os? Agora era Tereza quem estava impaciente com os rodeios do moço.

— Ela deixou-lhe um bilhete. Nele pedia que ficasse com as crianças até que pudesse buscá-los. Isso, segundo ela, acontecerá quando encontrar trabalho para sustentá-los.

— Mas disseram que tinha ido em busca do marido.

— Isso ela também fala. Não o culpa, pois diz que, se existe um culpado, ele certamente não é.

— Ricardo, se ela escreveu tudo isso, não fica mais fácil se me der a carta?

Ricardo remexeu os bolsos à procura de algo que, com certeza, não queria encontrar.

— Tereza, desculpe. Fiquei tão desnorteado que a perdi. Devo ter deixado cair, tão apressado estava em chegar aqui para lhe falar.

— Que pena. Mas se sabe exatamente o que continha, não tem grande importância tê-la perdido.

— Rosamaria pedia que você cuidasse das crianças. Se o fardo fosse pesado demais, que pedisse auxílio na casa grande.

Com certeza ela se referia a minha família. Com condições para tal estou eu e minha mãe. Essa com certeza não negará ajuda. São muitas bocas para alimentar, de onde você tiraria o sustento?

Tereza ficou muda.

— Estou apavorada. Em pouco tempo perdi dois seres que eram a luz da minha vida e agora me vejo cercada de vários pirilampos. Consegue entender?

— O que posso lhe dizer é que é minha obrigação ajudá-la a cuidar deles. Não quero que nada lhes falte. Peça ajuda à esposa de algum peão. Diga-lhe que pagarei regiamente. Mandarei alimentos necessários e, se faltar algo, quero que todos os dias faça uma lista do que for necessário, não esquecendo as guloseimas que toda criança gosta.

— Ricardo, não preciso de tanto. Eu mesma dou conta do trabalho. São ótimas crianças; será trabalho fácil. Também tenho certeza que será por pouco tempo. Deus há de permitir que não seja longo o tempo que a mãe se manterá afastada.

— Não importa o tempo, e sim que nada lhes falte. Agora tenho que deixá-los, pois minha mãe, com certeza, procura por mim.

— Só tenho que agradecer, pois, quanto ao que antes me assustava, moradia e sustento dos pequeninos, você nos trouxe um alento. Como sempre, você é um bom amigo.

Ricardo beijou-lhe a face e uma imensa ternura os envolveu.

Ainda pensando nas crianças, chegou em casa, e uma voz áspera o despertou:

— Ricardo, me magoa indo se encontrar com aquela que me tem desprezo.

Ricardo passou por ela afastando-a delicadamente, pois sua figura impedia que adentrasse a casa.

— Ricardo! Estou falando com você!

— Lídia, esse ataque nesse momento não procede. Estou cansado e tenho que ver meu pai. Com licença.

A moça bateu os pés, quase espumando de tanta raiva sentida. Sua fúria envolvia-a em uma energia negativa que mais mal lhe fazia, e ela não se dava conta disso.

Ainda descontrolada, foi até o quarto que lhe foi destinado, abriu o baú onde colocara suas roupas para viajar e jogou-as como se estivesse jogando em quem cada vez mais tinha vontade de esganar. Essa era sua visão. Via o que queria, pois deixava sentimentos ruins tomarem conta de seu ser.

Assim que terminou o que queria fazer, desceu as escadas, puxando o que deveria ser carregado com cuidado.

O barulho fez com que Ricardo fosse averiguar e ficou espantado com a cena:

— Lídia, enlouqueceu?

— Louca vou ficar se continuar aqui por mais tempo.

Então, de novo, a atriz entrou em cena:

Ela sentou-se em meio à escadaria e soltou um convulsivo pranto.

De imediato amoleceu o coração daquele ingênuo rapaz.

— Lídia, está parecendo uma menininha com esse chororó todo. Onde pensa que vai uma hora dessas?

Ricardo pegou a mala que ia acabar de rolar escada abaixo e levou-a de volta ao quarto. Ela o seguiu como se de fato fosse uma menininha.

— Ricardo, não agüento mais permanecer nesta casa, parecendo ser um estorvo. Tudo que falo vocês não acreditam. Parece que só tem olhos para uma pessoa.

— Sim. No momento, só posso ter olhos para meus pais. Minha mãe precisa de consolo, e ele de muita ajuda. Independente de qualquer coisa, não podemos ser seus juízes. Não seria apoiado por Deus.

— Juiz? Sobre o que está falando?

— Desculpe, Lídia. Foram meus pensamentos que se atropelaram em minhas palavras; mas, no momento, só peço que tenha paciência. Você sempre foi uma boa amiga; peço que entenda esse momento difícil que estamos passando.

Ela se aproximou do rapaz, tocou seu rosto para que ele a fitasse, e, nesse momento, usando toda sua sinceridade disse:

— Ricardo, temo perdê-lo. Eu o amo e não é capricho. Houve momentos em que estar ao seu lado me fazia ser invejada por minhas amigas, e eu adorava isso. Mas agora, se você sair da minha vida, deixará um vazio enorme como o mais profundo abismo.

— Lídia, estou vivendo várias situações em que não sei como agir. Só posso pedir que tenha paciência. Se fui indelicado, me perdoe. Não quero que vá. Viemos juntos e assim terminaremos nossas férias.

O rapaz deu-lhe um beijo e saiu do quarto, deixando-a com um sentimento que nunca havia experimentado: arrependimento pelas ações praticadas. Sentiu-se envergonhada. Parecia que, apesar das tantas roupas, nada usasse.

Enquanto isso, na parte baixa da casa...

— Mãe, não acha que Lídia pode ter razão? Se só tivermos o médico uma vez por semana cuidando do pai, será que a melhora virá?

— Estou orando por isso, filho. O médico disse que cada vez ele ficará mais desperto e melhorará a alimentação. Quando ele acorda e me fita, meu coração aperta, e minha garganta dá um nó. Sei que estou errada no meu proceder, tenho que ser forte e passar isso para ele.

— Mãe, você é mais forte do que pensa. Não merecia essa provação.

— Filho, o que sabemos nós de merecimento. Sabe que não pode me avaliar só por essa vida que aqui vivemos.

O rapaz abraçou-a, beijando-a calorosamente.

— Mãe, você é o que é, e tenho certeza que sempre foi assim. Uma boa alma. Quisera eu poder aliviar seus sofrimentos.

— Filho, Deus me abençoou com um filho maravilhoso. O que terei que passar ninguém passará por mim. Aprendemos que com fé e orações sentidas amenizaremos nosso caminhar, então que assim seja. Quanto ao que você falou, vamos dar o tempo necessário para que aconteça o que o médico falou, se suas férias acabarem e o quadro de seu pai permanecer, vamos para a cidade juntos.

— Como sempre a senhora é sábia. Agora é melhor voltarmos ao quarto, ele pode ter acordado.

— Sim, filho. Tenho certeza que mesmo parecendo dormir seu pai nos escuta. Só quero que ele ouça palavras de alento e não de preocupação.

Quando chegaram ao quarto, tiveram uma surpresa. Lídia estava cuidando dele. Trocara suas vestes sem sinal de repugnância pelo que o doente tinha feito.

— Lídia...

— Ricardo, me passe o álcool. Veja o creme que deverá ser usado.

Ricardo a atende, mas estupefato.

Eleonora não se surpreendeu, orara para que Lídia usasse o que estava escondido em seu ser. Aquela moça que parecia frívola, que estampara orgulho, com certeza não era aquela que amava seu filho. Eleonora olhou-a e sentiu-a diferente, até o semblante da moça mudara. Estava serena e seus gestos eram firmes. Eleonora ia pegar as peças de roupa que foram trocadas, mas Lídia se antecipou.

— Deixe. Eu mesmo levo para que sejam lavadas e desinfetadas. Isso é muito importante, fervê-las para que não haja contaminação.

— Obrigada, minha filha. É uma boa filha do Divino.

A moça deu um sorriso e deixou os dois a sós.

— Mãe, o que aconteceu? Será um milagre?

— Um milagre de Deus. Às vezes se está dormindo nos maus feitos e de repente algo nos faz despertar para a vida.

— Não estou entendendo. O que a faria mudar?

— O amor por você.

— Estou deveras surpreso. Nunca a tinha visto assim tão despojada de seu orgulho.

— Filho, você fugiu de um compromisso firmado com ela e isso é evidente. Se você não a ama, não a engane. O que sente por Tereza?

Antes de o rapaz responder, Augustus abriu os olhos e tentou balbuciar algo que, mesmo sem sair de seus lábios, seus olhos mostraram que seria de muita importância.

— Pai, tente ficar calmo. Sente dor? Um movimento quase imperceptível com a cabeça mostrou que não. Sente sede? Fome? Oh! Pai, desculpe. Peço que tenha calma e mostro-me ansioso. Mãe, pelo horário deve saber das necessidades dele no momento.

— Ajeitei-o nos travesseiros. Trarei o suco, que graças aos céus ele está conseguindo engolir com mais facilidade. Hoje é dia de visita médica. Como ele falou, virá aqui de dois em dois dias religiosamente.

Eleonora saiu deixando o filho alisando os brancos cabelos do pai. Carinho que nunca havia feito quando ele estava de saúde perfeita. Augustus sempre achou, por seu filho ser varão, que carinhos e intimidade enfraqueceriam o relacionamento entre os dois. Sempre tratou o rapaz com voz firme e distância de afagos. Seu porte, sua altivez inibia que esse procedimento partisse do rapaz. Agora debilitado, esvaziado de sua altivez, recebia o carinho que há muito o rapaz gostaria de ter feito.

Augustus tornou a ficar agitado, sua expressão transmitia isso.

— Pai, a mãe já foi providenciar o que você precisa.

— Não...

— Pai! O senhor está falando! Mãe! Mãe!

Ricardo ficou tão emocionado que nem tentou saber mais o que ele queria dizer.

— Filho! O que aconteceu?

Eleonora e Lídia chegaram ao aposento ao mesmo tempo, e Eleonora sentiu que lhe faltavam as pernas para se aproximar da cama do enfermo.

— Mãe, ele falou!

— Graças a Deus! Vamos orar e agradecer o momento.

— Será que permitem que eu comece?

Eleonora, que ainda não havia conseguido se recompor do susto, assentiu com a cabeça.

Ricardo estava tão emocionado que nem atinou para o momento.

Lídia com fervor repetiu o que havia escutado por várias vezes naquela casa.

Agradeceu pela possível cura e pediu ao Todo Poderoso forças para o enfermo e seus familiares.

Saindo do êxtase, Ricardo se deu conta que quem orava era uma pessoa até então desconhecida para ele. Quem estava ali não era a moça com quem convivia há tempos. Então, olhou-a com os olhos do amor. Esse que ele mesmo não sabia que seu coração continha. Com voz embargada, agradeceu o carinho, porque a oração para o enfermo foi um afago.

Augustus serenou. Sua expressão não era mais de desespero. Havia serenidade.

Ajudada pelo filho, Eleonora conseguiu que o enfermo ingerisse o suco e não deixaria que suas forças se esvaíssem.

— Filho, seu pai está bem. Com certeza logo estará se comunicando melhor e tudo devagarzinho, com as graças do Senhor, se normalizará. Vá com Lídia dar um passeio. Você precisa espairecer.

— Vamos, Ricardo — Lídia o puxava pelo braço, mas o rapaz titubeava.

— Se não quer sair de perto de seu pai, lhe farei companhia e dona Eleonora poderá descansar.

— Assim é melhor. Vá, mãe! Está baqueada e deve descansar para renovar suas forças. Adoecendo não será de muita ajuda, não é?

— Obrigada aos dois. Vou me recolher, mas não por muito tempo. Assim que o médico chegar, me chamem. Não ousem deixar de fazê-lo. Não pensem que assim me pouparão. Preciso conversar com ele, saber de que maneira poderei ajudar Augustus.

— Pode ir tranqüila. Não passarei por cima de suas ordens.

— Filho, sabe que nada ordeno; só não quero me afastar por muito tempo de seu pai e mais: saber direitinho como ajudá-lo a superar esse momento difícil.

Ricardo beijou-a carinhosamente. Tinha orgulho daquela mulher. Agradeceu a Deus tê-la como mãe e poder usufruir de todo amor e bondade exalados por ela.

— Ricardo, se quiser descansar, ficarei aqui. Sei que pouco dormiu à noite; deixe-me ficar por hora.

— Estou bem. Agradeço sua amabilidade. Está mudada, Lídia. O que aconteceu?

— O medo de perder quem amamos faz a mudança. De verdade, sinto-me diferente, ou melhor, agora me sinto parte de vocês; antes eu é que era diferente. Não sei como suportou tanta futilidade e incompreensão. Dei motivo. Mas outra hora falaremos disso melhor.

Augustus voltou a gemer, mas parecia sentir dor em sonho.

Fantasmas do passado não o deixavam em paz. Queriam sua derrocada, e o afastamento de Eleonora o deixava vulnerável. Ela o cercava de orações, impedindo que dele se aproximassem. Ela era incansável em sua fé.

Enquanto Ricardo conversava com Lídia e Eleonora estava adormecida, foi o momento certo para recomeçarem.

O rapaz colocou a mão sobre a testa do enfermo e orou. Sabia que ele precisava de orações tanto quanto dos remédios ingeridos. Ele acalmou, e o rapaz sentou-se, pedindo que Lídia fizesse o mesmo.

— Lídia, quero esclarecer o porquê das minhas idas à casa de Tereza, além de visitar uma boa e querida amiga.

O rapaz fez o relato completo do que se passava com as crianças.

— Que absurdo! Como pôde a mãe abandonar os pequenos?

— Disse ela que foi à procura de trabalho para lhes dar sustento.

— E o pai?

— Na verdade ele vivia com ela, mas não era o genitor das crianças.

— Como vai ser daqui em diante?

— Só Deus pode saber.

— Fi... fi... lho...

— Pai!

O homem suava aos borbotões. Ricardo enxugou-lhe a testa, refrescando-a com um pano úmido.

— Pai, tenha calma. Estou aqui e daqui não sairei.

O homem tentou continuar.

— O remé... dio... não que... ro ficar dopa...

Ele voltou a dormir sem terminar a frase, mas essa foi compreendida por quem estava mais do que atenta.

— Entendeu o que ele quis dizer, Ricardo?

— Pouco entendi. Estava preocupado em acalmá-lo.

— No estado em que se encontra, acha-se melhor; mas ele não quer mais ser sedado.

— Na visita de hoje, o médico diminuirá as doses. Foi o que ele nos passou.

— Então, fale com ele. Seu pai tem consciência de que está sendo sedado e não quer mais ficar nesse estado, alheio ao que se passa ao redor.

— Ele ficará mais aflito. Se ficar desperto totalmente, terá consciência de sua imobilidade.

— Mais cedo ou mais tarde acontecerá. Como poderão saber ao certo sobre suas limitações, se o tem sob efeito entorpecente?

— Lídia, sou quase um formado em direito e não em medicina. Como posso questionar o tratamento dado por eles?

— Foi um pedido de seu pai. Passe isso a eles.

Mais tarde, como já era previsto, ele teve a visita médica sob o olhar atento de quem devotava àquele ser carinho e proteção.

— A senhora entendeu bem?

— De certo, doutor. Eu mesma ministro os remédios. Então, como o senhor falou, ele ficará mais desperto. Só a noite tomará o medicamento mais forte que o levará a dormir com mais tranqüilidade. Estou certa?

— Correto. Daqui a dois dias voltarei, ou mande me chamar se assim for preciso.

Ricardo acompanhou o médico até a porta, deixando Lídia na companhia de sua mãe.

— Filha, você escutou bem o que Augustus pediu? Ele falou mesmo o que diz ter ouvido?

— Não estou enganada. Deixe ele despertar que confirmará o que ouvi.

Ricardo retornou ao quarto e ficaram a velá-lo.

CAPÍTULO • CATORZE

As revelações

Naquele dia Augustus ainda passou sob o efeito do forte remédio, mas pela manhã...

— Eleonora!

— Augustus! Deus, dormi demais.

— Não, minha velha. Eu é que despertei cedo demais, ou melhor, talvez tarde demais pelos erros que cometi.

— Augustus, não fale assim. Deus é todo poder e bondade e não negará perdão àquele que se arrepende de seus feitos.

— Mulher, errei tanto, que, como diz você, terei que retornar muitas vezes para resgatar o que fiz de mal. Quanto ao meu estado, tenho consciência de como fiquei. Mereço essa provação.

— Não fale assim.

— Por favor, chame meu filho. Preciso que me ajude a me erguer um pouco na cama e, mais tarde, se me trouxer o livro que sempre a acompanha, poderá ler para mim e a acompanharei para erguer meu espírito.

Eleonora saiu do quarto com o rosto molhado em lágrimas. Realmente seu esposo estava irreconhecível.

Depois de cuidado e asseado, Augustus pediu para ficar à sós com o filho.

— Ricardo, mais do que minha espinha dorsal, estou partido em vários pedaços.

— Pai, o que o deixa sem movimento e reflexos ainda é desconhecido aos médicos que o tratam. Nada aconteceu em sua estrutura.

— Está enganado. Estou em mil pedaços. Esses foram ficando ao longo dessa vida de desatinos.

— Vamos deixar essa conversa para depois. Tristezas agora só poderão piorar seu estado.

— Filho, ainda não entendeu; quero curar meu corpo, mas antes preciso da cura do meu espírito. Se soubesse quanto mal causei. Acumular fortuna fez-me pensar erroneamente que era superior a todas as criaturas. A abnegação de sua mãe, seu amor incondicional, fez-me sentir o pior dos seres. Apesar de parecer completamente dopado, escutava o que diziam; o que às vezes deixavam escapar. Sobre as crianças... onde estão?

Ricardo ficou nervoso. Não era hora de falar sobre isso. Sua mãe logo estaria de volta e não gostaria que mais sentimentos dolorosos acumulassem em seu coração. Talvez não resistisse a tantas revelações.

— Pai, outra hora me falará sobre elas. Durma um pouco que lhe fará bem.

— Você ainda não entendeu. Sabê-los bem é um pequeno passo em direção a minha cura.

— São seus filhos realmente?

— Não tenho certeza. Sei que várias vezes a engravidei, mas todas as vezes mandei que um peão levasse a Mariazinha dinheiro mais do que necessário para que a gestação fosse interrompida.

— Aborto, meu pai! Crime! Como pôde?

Ricardo sem querer se exaltou, e o rumor chegou aos ouvidos de quem estava na sala esperando.

— Ricardo, que se passa? Por que está alterado?

A mulher, ao adentrar ao quarto, deu de encontro à palidez do enfermo e à fisionomia exasperada do rapaz.

— Ricardo, posso saber sobre o que falavam?

— Eleonora, preciso que me escute e perdoe.

— Estou ficando assustada. Não gosto do que sinto no ar.

— Mãe, o momento não é de revelações, e sim de orações. Fervorosas orações.

— Não! Agora, não. Minha velha, me escuta, pelo amor que você tem a Deus. Estou entregue a minha própria sorte; aquela que procurei. Mas preciso que me escute. Não quero deixar para depois. Já deixei muita coisa para trás. Ficando nesse estado de invalidez, só meu cérebro funcionando, pude avaliar minha vida, rever meus passos, e o que vi foi torturante. Fantasmas do passado voltam para me obsediar. Suas orações,

Eleonora, os afastam, mas voltam quando você não está aqui. Sua fé e sua força é minha proteção. Não sou covarde. Me conhece melhor do que ninguém; mas desconhecia essas forças. Estou aniquilado, esmagado, preso não só nessa cama, mas em atos vis por mim praticados.

— Pai, está se cansando, amanhã você continua.

— Pode não haver amanhã.

— Augustus, está arrependido e Deus não lhe negará absolvição pelas suas faltas. Logo estará de pé e mostrará ao Senhor seu arrependimento com suas ações.

— Vocês ainda não entenderam. O que está dentro de mim me corrói. A mãe da moça Tereza...

— Pai!

— Deixe-o Ricardo. Talvez o que pensa que para mim será surpresa será só confirmação.

— Ela foi embora por minha causa. Ela me odiava. Prudêncio nunca soube quem foi o autor da desgraça da filha, como ele falava. Se soubesse que estava ao alcance de seus olhos, me fuzilaria. Talvez tivesse sido melhor.

— Pai, quer dizer que Tereza...

— Entendeu agora por que eu não a queria aqui? Por que não queria vocês dois juntos? Por que queria que deixasse a casa e fosse embora?

— Pai, pede perdão e justifica o que não tem justificativa. Não a amparou no momento e ainda a queria longe, sem eira nem beira?

Eleonora estava aos prantos. Sabia das andanças do marido, mas nunca supôs que aquela menininha que a encantava, que depois se tornou uma bela moça e amiga... Não.

Era demais até para quem procurava ter entendimento sobre todas as situações.

— Augustus, como pôde? Deixou a mãe ir embora; não a acolheu quando os avós partiram. Negou a ela o amor.

Eleonora saiu dos aposentos aos prantos.

— Dona Eleonora, o senhor Augustus piorou?

A mulher nem respondeu, foi direto para o quarto para dar vazão ao sentimento do momento.

Espíritos auxiliadores vieram em socorro de quem precisava do sustento em orações. Ela não chorava pela traição, e sim pela covardia do esposo; por tudo que ele negou a Tereza. Rodeada e energizada por fluídos protetores e curadores, Eleonora serenou. Lembrou-se então de duas boas almas que Deus colocou no caminho daquela doce menina. Prudêncio e Emerecilda deram a ela mais do que o amor de avós. Cobriram o espaço vazio deixado por quem a renegou.

Eleonora ajoelhou-se aos pés da cama e orou. Orou por aquelas doces criaturas que com certeza ainda olhavam Tereza. Agradeceu-lhes a infinita bondade e pediu desculpas por aquele que não soube trilhar as diretrizes de Deus.

Uma batida leve na porta pôs fim à oração.

— Mãe! Mãezinha, posso entrar?

Eleonora enxugou as lágrimas, se recompôs e tentou dar firmeza à voz.

— À vontade, filho.

Ricardo empurrou a porta e encontrou-a serena, sentada na cama. O rapaz sentou-se no chão e colocou a cabeça em seu regaço.

Não precisavam de palavras. O sentimento era uno. Assim ficaram por um bom tempo até Lídia, que estava desorientada, sem saber o que se passava, adentrar no quarto.

Ela tocou de leve o ombro do rapaz, que imediatamente levantou-se, recompondo-se.

— Ricardo, posso ajudar em alguma coisa? Sinto que algo grave aconteceu. Desculpe, não quero ser inoportuna, mas não quero ficar alheia em momento de dor.

Eleonora antecipou-se ao rapaz:

— Sente-se, Lídia. Mesmo se vocês não se unirem em bodas, sinto-a como parte da família e, por isso, minha filha, para começar, quero que saiba que o ciúme que sente de Tereza...

— Senhora, foi infantilidade minha. Já conversei com Ricardo sobre isso e peço que também me perdoe. Irei até a casa de Tereza e pedirei que me ouça, se ela puder.

— Filha, deixe-me continuar. O que queria lhe dizer é que Tereza carrega nas veias o mesmo sangue de quem diz ser seu amado.

Agora sim, Lídia ficou tonta, zonza, sem saber se o que escutava era o que queria que fosse real, ou imaginação de sua mente.

— Ricardo, será que você pode me explicar melhor?

— O que minha mãe acabou de falar é verossímil. Tereza é filha de meu pai. Bem, assim ele o diz.

— Por que isso agora? Será pela divisão de bens se algo lhe acontecer?

— Não, Lídia. Culpa, arrependimento, remorso pelo que fez a ela, ou melhor, pelo que não fez para ela. É claro, se tudo for verdadeiro.

— Filho, eu não tenho dúvidas. A mãe de Tereza sempre foi uma moça recatada. Aqui trabalhou e pouco saía da fazenda. Parecia revoltada com as condições em que vivia. Não cantava, pouco sorria e muito menos dialogava com os desta casa. Mas várias vezes peguei seu pai com ela em meias conversas. Ela parecia repudiá-lo, mas se teve uma filha dele...

— Mãe, não temos certeza. Ela pode ter dito isso e não ser.

— Ricardo, ela sempre se negou a dizer o nome de quem a engravidara. Deixou a criança aos cuidados de Emerecilda antes mesmo de partir. Parecia que vivia aqui, mas estava sempre longe. Com certeza, não era feliz.

— Mãe, Tereza nos odiará.

— Tem certeza do que diz? Estamos falando de Tereza. O ódio não tem espaço no coração dela.

— Queria ter a sua certeza. A senhora vai falar com ela? Dirá o que nos foi revelado?

— Vamos nos acalmar, nos recuperar desse baque e deixar Deus escolher o momento propício. Agora vou voltar para o local de onde não deveria ter saído. Me faltou o equilíbrio, esquecida de que quem me falava não poderia ir atrás de mim.

— Mãe, queria ter um pouco do seu bom senso. Apesar dos pesares, pensa nele desculpando-o.

— Não. Você não entendeu; fui conivente. Aceitei várias situações. Nunca disse uma palavra que o desagradasse. Nunca tolhi seus malfeitos; a maneira que se dirigia aos empregados, o modo como falava com você e outras coisas mais que se escuta aqui, ali. Fui cega sem ser. Deve-se orar, e não se esconder atrás das orações. Pedi forças e não fui à luta.

— Mas o que poderia ter mudado?

— Não sei. Mas poderia ter tentado.

— Mãe, sabe as crianças que o pai acolheu quando elas perderam o teto em que moravam quando o barranco desabou?

— Claro que lembro. Então Tereza não veio pedir auxílio, e seu pai, até me surpreendendo, instalou-os em uma casa perto do lago, que mandou erguer.

— Não sei como lhe dizer...

— O que foi, Ricardo? Ele os expulsou?

Então, Lídia entrou no diálogo com a parte que sabia:

— Deve ter sido isso, sim. A mãe foi embora, mas Tereza os acolheu e estão morando aqui.

— Lídia!

— Desculpe, só quis ajudar.

— As tais crianças estão aqui? Filho, por que Tereza não me disse? Eu nunca proibiria.

No que Lídia se adiantou, Ricardo perdeu a coragem de contar o restante e o mais importante.

— Mãe, vamos voltar ao pai. Deixei lá Veridiana, mas ela também deixou os afazeres.

Eleonora deixou-se conduzir sem mais palavras. Sua cabeça estava um torvelinho de emoções.

Ao chegarem ao quarto do enfermo, viram que ele dormia, com certeza ainda sob efeito das fortes doses de calmantes que vinha tomando diariamente.

— Mãe, ele dorme. Então vá descansar. Foi um dia atribulado, e temos que nos preparar para os que seguirão.

— Filho, o que mais poderá ele nos revelar, além do que já foi dito?

Ricardo calou-se. Não poderia dizer a ela que, de uma hora para outra, a família cresceria enormemente.

Mais adiante...

— Tereza! Tereza!

— Tonico, por que você grita tanto?

— A pipa, dei linha demais e ela caiu no lago.

— Deixe. Fique aqui com seus irmãos que vou até lá.

— Menina Tereza, onde vai? – perguntou o peão Pedro.

— Pegar a pipa dos meninos. Por favor, dê uma olhada neles.

Assim que Tereza se afastou, Ricardo apareceu à porta da casa grande perguntando por ela. À distância, o vento fez a confusão.

— Tereza, senhor, foi pegar uma pipa que caiu no lago.

— Caiu no lago? Pedro, você esqueceu o perigo da parte funda?!

— Tereza! Tereza! Não, lago não! - Augustus gritava, parecia enlouquecido.

Eleonora agarrou-se a ele, sendo também amparada por Lídia. Assim que Ricardo escutou os gritos, correu ao quarto.

Augustus continuava ensandecido:

— Ricardo, ajude-a! Não deixe que ela se afogue como as criancinhas que lá foram despejadas.

— Mãe, deixe que eu cuido dele.

Ricardo afastou-a carinhosamente, entregando-a a Lídia.

— Pai, acalme-se. Nada aconteceu a Tereza.

— O lago. Escutei você dizer que ela caiu no lago.

— Pai, Tereza nada naquele lago desde que éramos pequenos, e juntos nos deliciávamos com aquela água.

— Você não sabe o que esse lago guarda. É um túmulo.

Augustus falava, olhos arregalados em direção ao vazio.

— Pai, está confuso. Lídia, dê-me esse frasco que está ao seu lado. Esse remédio o acalmará.

— Não! Filho, não posso impedir que me dê, mas peço, em nome de Deus, que me deixe lúcido.

A respiração do homem foi melhorando gradualmente até que ele se acalmou.

— Filho, vá ver Tereza. Rogo àquele que, como sempre escutei de sua mãe, tem a mão em todos os acontecimentos que minha filha esteja bem.

Ricardo deixou-o aos cuidados de Veridiana, que já tinha saído do aposento, mas retornou ao escutar os gritos aflitos do patrão.

No plano espiritual...

— Prudêncio, pedi permissão para vir lhe falar. Sabe o que está acontecendo na casa grande?

— Não, minha velha. Só saio daqui para ir até o templo orar e entender um pouco sobre os erros cometidos. Mas aconteceu algo grave?

— Temo que sim. Queria falar com nossa filha, mas ela foi com um grupo em ajuda aos que chegam de uma grande catástrofe. Muitos foram receber aqueles sofridos espíritos e, dentre eles, nossa filha.

— Mas o que você pretendia com ela que eu não posso ajudar?

— Pode, por isso estou aqui. Nossa filha sempre se omitiu, e nós nunca mais a interpelamos. O tempo passou e agora a dúvida, ou bem dizer a certeza, afastará ou unirá de outra forma dois seres que amamos.

— Apesar do tempo que aqui estou, ainda não tenho muita compreensão. Agora mesmo, nada entendi do que você disse.

— O pai de Tereza. Você sabia que era o nosso patrão?

— O senhor Augustus? Nunca! Não! Não poderia! Ele não desrespeitaria minha menina.

— Pois agora mesmo, em seu leito de dor, foi feita por ele a revelação.

— Não! Nossa filha o odiava.

— Será que a razão não foi essa?

Prudêncio largou na terra o que tinha nas mãos e suspirou:

— Vou pedir permissão para ir até lá.

— Não. Vamos até o templo orar. Vamos pedir auxílio para que tudo se esclareça. Prudêncio, não deixe que a raiva, a indignação, o leve para outros lugares.

Ele deixou-se conduzir, e Emerecilda foi ao encontro de quem a esperava.

Em um ponto não muito distante...

— Tonico, só pude recuperar a armação e mesmo assim terá que ser refeita.

O menino tomou das mãos de Tereza o que sobrara da pipa e foi ter com os irmãos para mostrar o desastre.

— Tereza, o patrãozinho está a sua procura. Disse-lhe onde tinha ido, é melhor se apressar.

Tereza sabia que estava atrasada em seus afazeres, mas o dia estava tão lindo e as crianças teimavam em colocar no alto aquela pipa colorida. O que fez com que Tereza não questionasse a brincadeira foi a alegação das crianças de que os pais, onde estivessem, veriam a pipa e voltariam para casa. Eles diziam que seria um sinal para eles, pois os pais os ensinaram a empinar pipa. Como poderia Tereza ignorar esse argumento?

Chegando a casa grande...

— Tereza, estava deveras preocupado. Machucou-se? Já vi que se trocou, mas como pôde ficar com os cabelos do jeito que estão?

— Ricardo, você me atropela com tantas perguntas. Machuquei-me onde? O que aconteceu de diferente nos meus cabelos?

— Estão secos.

— Por que não estariam?

— Pedro me disse que você tinha caído no lago. Foi dar um mergulho? Fez bem. O dia está maravilhoso, se assim lhe parece.

— Ricardo, está estranho. A pipa dos meninos caiu no lago; e por que para você o dia não estaria lindo? Já sei. Seu pai, não é?

— Tereza, você o odeia?

— Como poderia? Esse é um sentimento ruim que mais mal faria a mim do que a ele.

Sim, aquela era Tereza. Linda por fora e exuberante na alma.

— Mas por que me procurou? Ontem deixei tudo encaminhado, apesar do meu atraso, nada ficará fora do horário.

— Longe de mim isso que diz. Só queria vê-la; sabê-la bem.

— Então, se me der licença, vou para minha labuta.

— Espere! Vamos até o quarto ver o pai.

— Precisam de minha ajuda? Deixe-me ir até a cozinha ver se tudo está a contento e logo para lá me dirigirei.

Assim dizendo, Tereza deu um rodopio, fazendo esvoaçarem seus longos cabelos.

Ricardo admirou-a. Agora entendia o sentimento que tinha por ela, era mais do que amizade, era um sentimento fraterno.

Voltando ao quarto, encontrou Lídia e sua mãe debruçada na cama com a mão de seu esposo entre as suas.

— Lídia, não insistiu para que ela fosse repousar?

— Veja se consegue fazê-la obedecer. E você? Estava falando com Tereza?

Augustus, que parecia dormir, abriu os olhos indagando, agora mais calmo:

— Onde está ela? Ricardo, traga-a aqui. Preciso que ela me perdoe.

— Ela virá. Foi cuidar de alguns afazeres, mas logo estará aqui.

— Eleonora, você precisa descansar. Me martiriza ficando aqui, esvaindo suas forças. Já fez muito por mim. Mais do que mereço. Só preciso que me ponham mais recostado. Fica melhor para que eu fale.

— Pai, o que quis dizer quando falou sobre o lago?

— Ricardo! — advertiu a mãe.

— Deixe-o, Eleonora. Se quero me redimir de meus pecados, se preciso ser perdoado por todos, precisam saber de toda a verdade, do contrário não será válido o perdão.

— Augustus, se você errou, não seremos nós seu juiz. Seu julgamento será mais além. Somos seres imperfeitos caminhando em direção à evolução.

— Então, que seja só desabafo; mas, se não falar, esse peso não sairá de minhas costas. Envergarei cada vez mais pela culpa que carrego.

— Mãe, deixe que ele fale.

Eleonora voltou a sentar. Estava deveras extenuada.

— Sei do risco que corro ao falar. Talvez sua mãe não queira mais cuidar de mim. Se fizer isso, a razão estará com ela e Deus compreenderá. Sabe, filho, o dinheiro te faz importante, faz você pensar que está acima do bem e do mal. Você acaba por não saber discernir. Pessoas e objetos tornam-se iguais. Meu domínio das terras e de tudo que há sobre ela acabou por incluir os seres que me serviam e que eu deveria respeitar. Tomava as mulheres e filhas de meus empregados como se fosse obrigação delas me servir. Não pense que foi falta de amor por sua mãe, sempre a amei e amarei até o fim dos meus dias. Ao fim de meu relato, espero que um dia possa me perdoar.

— Mas sobre o lago?

— Cada vez que alguma engravidava, pedia a Prudêncio que levasse dinheiro suficiente para interromper a gravidez e, ao mesmo tempo, comprar o silêncio. Um fazedor de anjinhos era chamado, e os fetos eram despejados no lago.

— Pai, como pôde?

— Pensei que só a mãe de Tereza não tivesse me obedecido. Muitas vezes, aqui em casa, sua mãe nos pegou em fortes diálogos. Dessa vez não pude usar Prudêncio. Ele de certo me mataria. Se o tivesse feito, teria sido melhor para mim.

— E a Mariazinha?

— Quem?

— Rosamaria! A mãe das crianças que o senhor abrigou quando o barranco desceu, e agora sei que o fez não por caridade, e sim por culpa.

— Eu enviei o dinheiro para ela, todas as vezes que foi necessário, mas agora sei que não fez uso para o que deveria. Devo isso a ela.

— Isso não o isenta de culpa.

Eleonora levantou-se e saiu do quarto. Não queria escutar mais; não reconhecia quem dissera tudo aquilo. Dedicara sua vida àquele homem e pensava tudo saber sobre ele, seus gostos, suas manias, seus desejos, e agora...

Saiu pelo corredor em passos lentos, e logo Lídia estava em seu encalço.

— Dona Eleonora, espere. Posso lhe fazer companhia?

A moça enlaçou-a pelo ombro, esse, baqueado pelo peso das tristes revelações.

— Dona Eleonora, se bem compreendi, a família tornou-se numerosa, não é? Desculpe falar sobre isso agora, mas, juntando os acontecimentos, fora Tereza, as crianças que se encontram na casa dela também são filhas do senhor Augustus, não é assim?

— Lídia, estou tão confusa quanto você. Se não se importa, preciso me recompor, e isso só se dará se de fato me entregar às orações.

— Peço que me perdoe se estou sendo intrusa, mas só mais uma coisa: os bens da família terão que ser repartidos por muitos... Já pensou nisso?

— Lídia, não acha imprópria a hora de falar sobre isso?

— Se o seu esposo gozasse saúde, seria a última coisa a se pensar, mas quero lhe lembrar da precariedade dela.

— Lídia, a que vem isso agora? Ainda estou tonta por conta do que se passava ao meu redor e não via; só posso lhe dizer uma coisa: o que menos me preocupa é a herança de família. Tantos tiverem direito, por tantos será dividida. Agora peço que me desculpe, mas estou fatigada.

— Se precisar de minha ajuda, é só chamar.

Eleonora assentiu a cabeça e retomou seus passos. Não atinou no momento o motivo de tanta preocupação da parte dela; se tivesse ouvido seus resmungos, tudo ficaria mais claro que a mais límpida água.

Retornando ao quarto do enfermo, encontrou quem já não era considerada sua rival.

— Tereza, folgo sabê-la bem. O senhor Augustus assustou-se ao pensar que tivesse caído no lago.

— O lago não oferece perigo a quem o conhece, não é mesmo, Ricardo?

— Disse isso ao meu pai. Ele agora dorme devido ao medicamento aplicado.

— Queria falar comigo? Quer que lhe renda aqui? Pode deixar, fico em vigília; as ordens que tinha que dar, já o fiz.

Lídia nem esperou Tereza terminar, saiu puxando o rapaz pelo braço, antes mesmo que ele esboçasse qualquer reação.

Quando chegaram à varanda, o rapaz não se conteve:

— Lídia, disse a minha mãe que tomaria conta do pai e não que delegaria essa função a outra pessoa.

— Filha dele, esqueceu? Será que ela só terá direitos? E os deveres? Dizia a sua mãe algo que está passando despercebido a vocês. Já que entende de leis e sobre isso não é ignorante...

— Aonde quer chegar?

— Ricardo, nossa formatura se dará no final do ano, assim acredito que será. Está se esquecendo de avaliar monetariamente os acontecimentos.

— Ainda não sei aonde quer chegar.

— Na herança que será dilapidada, pois será dividida em mil pedaços.

— Foi para isso que me trouxe aqui? Não sou tolo como pensa.

— Então, já pensou em algo, não é? Se aceita minha ajuda, vou logo lhe dizendo como ajeitaria essa situação se fosse comigo: as crianças, as colocaria em um internato; nada prova que são realmente filhos de seu pai; obrigação com elas teria que ter a mãe que as abandonou. Quanto a Tereza, dê a ela um dote, faça isso e a tirará do seu caminho. Quanto a sua mãe, ela não achará estranho suas decisões, pois é o filho amado e nada fará para prejudicá-lo.

— Lídia, ouço-a, mas temo o que escuto. Pensei que tivesse mudado. Pensei que seu coração fosse igual a sua beleza exterior, mas vejo que me enganei. Se condeno os atos de meu pai, como acha que me sentiria agindo como um crápula?

— Você ainda não entendeu. Só quero ajudar.

— Desse tipo de ajuda, não preciso. Pensa que sou uma marionete a quem possa mexer as cordas? Como bem lembrou, e aí, sim, tem razão, sou quase formado em direito e com mérito; sei dos direitos dessas crianças e de Tereza. No tempo certo, farei com que tenham direito ao que caberá a cada um. Tudo em cartório, se deseja saber.

— Você é tolo. Vai viver na penúria pelos desenganos de seu pai. Agora que pensa que tudo foi esclarecido, quer será o senhor salvação.

Agora Lídia já falava em tom de deboche. Sua aparência mudou, da moça bonita e meiga nada restou. Estava irada. Perdeu o bom senso e até a arte de enganar. A última coisa que desejava para sua vida era casar com um pobretão. Viver de salário, nunca! Ela sempre dizia que nunca conseguiria viver com dinheiro limitado. Nasceu em berço de ouro e assim iria continuar até o fim de seus dias. Pobre tola. Mas de uma coisa ela tinha razão: os bens lhe pertenceriam até o fim de seus dias aqui na Terra, pois, desencarnada, sua fortuna seriam seus feitos. Ricardo deixou-a, pois escutá-la seria aumentar sua dor.

Chegando ao quarto...

— Ricardo, ele permaneceu calmo, mas balbucia algo sem nexo. Fala de minha mãe, do lago que é um grande túmulo, pede que eu de lá me afaste, mas tenho certeza que não sabe que estou do seu lado.

Ricardo abraçou a moça e fê-la sentar.

— Tereza, aconteceram tantas coisas desde o acidente. Sabe, sempre fomos grandes amigos e sempre achamos que éramos mais que isso, lembra? Lembra quando corríamos pastos afora? Eu cuidava de você e você cuidava de mim. Sempre houve um forte sentimento nos unindo. Afastados, porque fui para faculdade, meus pensamentos estavam sempre ligados e ansiosos pelas férias.

Tereza o escutava e pouco entendia daquela enxurrada de palavras.

Ela ia falar, mas ele colocou o dedo em seus lábios impedindo-a, pois precisava continuar sem ser interrompido.

— Tereza, pelos que nos atingem com revelações que nos fazem sofrer devemos ter clemência; pedir ao Criador que nos sustente em nossa fé, pois, como todos sabemos e acreditamos, o julgamento só a ele caberá.

— Ricardo, está me assustando. Tudo que acaba de dizer e que pouco compreendi tem a ver com minha mãe? Quer me contar algo que ela fez e teme que a julgue?

— Mais ou menos. Tem a ver com sua mãe e meu pai.

Tereza levantou-se tão rápido que a cadeira onde sentava foi ao chão.

— Por favor, não continue. Minha mãe foi embora e não sei seu destino. Tudo o que dela disserem será sem direito a defesa, então, se você é realmente esse grande amigo que me diz ser, cale-se!

Ricardo abraçou-a e apertou-a de encontro ao peito, acariciando seus longos e negros cabelos.

— Irmãzinha, não fique furiosa comigo. Tenho tanto a lhe contar; mas não sei como começar, pois de tudo que falei até agora rodeei e não cheguei ao começo do que queria realmente dizer.

— Se quiser, poupo-lhe esse transtorno.

— Lídia, por favor, esse assunto é de família.

— Então, posso considerar que dela já me excluiu? Tentei ajudar e fui mal interpretada. Ricardo, ainda me pedirá desculpas por ser tão grosseiro.

Lídia retirou-se tão rapidamente quanto chegou, deixando Tereza ainda mais desnorteada.

— Ricardo, pelo amor que você tem a Deus, pode me explicar o que está acontecendo e de que modo eu faço parte disso?

Bem que o rapaz gostaria de responder e acabar logo com aquela constrangedora situação, mas foi impedido, pois seu pai recomeçara a falar e agora não eram palavras e frases desconexas.

O homem viajava em um mar de tormentos.

— Eleonora, me perdoe! Sei que mesmo a tendo magoado me tem envolvido em suas orações, o que me dá conforto e ameniza minha dor. Se pudesse fazer voltar o tempo... Tereza, Tereza, minha filha, sei que não tenho direito de chamá-la assim, mas perdoe este velho que não soube viver e agora, com a morte batendo à porta, tem consertos a fazer antes de morrer.

— Ricardo, por que ele me chama de filha? Ele sempre me olhou com desprezo, às vezes até ignorava a minha presença. Por que me chama de filha?

— Porque você é...

— Está enganado. Minha mãe não seria capaz. Ela o odiava. Esse foi um dos motivos que a levou para longe. Ele não é meu pai.

Tereza desvencilhou-se do rapaz e correu porta fora. Não adiantaram os chamados de Ricardo. Tereza correu para casa como uma rajada de vento.

— Tereza, você está chorando?

— Não, Tonico. Um cisco entrou em meus olhos e corri para tirá-lo. Vou jogar água em meu rosto e logo estarei bem.

Não foi bem assim. O coração da moça parecia querer saltar do peito. Com o barulho da água correndo, Tereza pode desabar seu pranto.

De volta ao plano espiritual...

— Prudêncio, sei que nossa menina está sofrendo. Temos que fazer algo em ajuda. Pedirei permissão para ir vê-la.

— Emerecilda, não foi você mesma que disse que temos que ter fé e acreditar? Orar e esperar?

— Tem razão, meu velho. Temos que ter serenidade para poder fazer chegar até quem amamos bons fluidos, mas temos que tentar resolver o que ficou mal resolvido. Vá cuidar de suas flores, que vou à procura de nossa filha.

— Não pode. Não tem permissão.

— Pedirei, implorarei.

Emerecilda foi ter com quem sempre a tinha em companhia.

— Sinto muito, Emerecilda, mas sua filha pode estar em muitos lugares. De catástrofe vieram muitos espíritos sofridos, muitas crianças e também muitos que não querem aceitar o momento, e a missão fica difícil.

— Eu poderia ir até lá. Ajudaria.

— Pode ser até que realmente pudesse, mas no momento não está aberta para a consolação de muitos. Quer ir até lá porque de certo encontraria sua filha.

— Emerecilda, precisa aprender a confiar. Em sua estada na terra, foi o que ensinou: perseverança. Esqueceu?

— Não, mas estou ficando aflita por Tereza.

— Sei o que está acontecendo. Se ficar calma, pedirei permissão para que possa visitar sua neta.

— Faria isso? Conseguiria?

— Não. Você conseguirá por merecimento.

E assim foi.

Logo estava Emerecilda naquele lar onde as recordações forravam as paredes. Escutou risos pequenos, correrias e chamados. Reviu o sofrimento de sua filha e a alegria com o nascimento da neta.

— Emerecilda, não é desse jeito que conseguirá ajeitar as coisas. Você veio até esta casa por um motivo, esqueceu?

— Como poderia... Tereza foi um anjo por Deus enviado. Foi a fortaleza em nossas vidas. Fez-nos sorrir quando queríamos chorar; nos aqueceu com o calor de sua meiguice quando o frio teimava em nos visitar, entrando pelas frestas das paredes já desgastadas pelo tempo. Por isso estou aqui, devo isso a ela.

— Então, faça o que veio fazer. Dar-lhe a consolação. Dissipar essa energia que chegou e quer se instalar em seu peito.

— Sei tão pouco. Tão pouco ainda caminhei. Como posso ajudá-la?

— O amor. Esse é o remédio para todos os males. O amor que você carrega irradiará a energia que Tereza precisa. Não, minha amiga, isso não tenho permissão para lhe dizer. Terá que esperar o retorno de sua filha e aí, sim, tudo se esclarecerá.

— Sabe o que penso, não é?

— Isso você também aprenderá. Não há pensamentos ocultos após a morte. Quanto mais límpido o períspirito, mais transparência se tem.

Um soluço abafado fê-los irem até a razão da rápida visita. Tereza tentava se recompor para ir ter com os meninos que a aguardavam ansiosos. Os soluços agora espaçados teimavam em não abandoná-la. Uma fita em suas mãos mostrava uma saudade sentida.

— Vó, se você estivesse aqui agora, colocaria minha cabeça em seu colo e adormeceria.

Emerecilda, ao escutá-la, baqueou, mas foi reconfortada por quem a acompanhava. Ele olhou-a e indicou a moça.

Emerecilda foi até ela e acariciou seus longos cabelos. Naquele passar de mãos depositou toda energia que vinha daquela fé curadora: o amor.

Tereza respirou fundo, enxugou os olhos, recompôs-se e beijou a fita que tantas e tantas vezes prendeu seus cabelos em laços dados por uma avó amorosa.

Tereza saiu do aposento, e aqueles dois seres invisíveis, mas cheios de energias salutares, tomaram outro rumo, pois por hora era só o que poderiam fazer.

Tereza chegou à sala no mesmo momento que uma batida seca na porta fez com que os meninos ficassem em silêncio. Antes mesmo que Tereza chegasse à porta, Tonico já dava entrada a quem nunca tinha visitado a casa.

— Dona Veridiana! Que bons ventos a trazem?

— Sua tristeza, Tereza. Tinha grande apreço por seus avós e muito mais a sua mãe. Ver sua menina debulhar-se em lágrimas entristece meu coração, que já está velho e alquebrado. O que se passou no quarto do velho Augustus que a deixou desse jeito?

Tereza olhou para os meninos, que ainda mantinham silêncio, e agora ainda mais, pois esperavam juntamente com Veridiana sua resposta.

— Nada aconteceu.

— Menina! Às vezes esta velha gostaria de não ouvir o tanto que ouve.

— Se é assim, já deve saber o que não preciso dizer.

— Tereza, está magoada e posso ajudá-la a elucidar certos mistérios.

Tereza olhou para as crianças e por um momento sentiu-se uma delas. Estava fragilizada, pensamentos confusos, sem saber que direção tomar.

— Tereza, você não prometeu que quando voltasse brincaria conosco?

Tonico falava e olhava Veridiana.

O que ele queria realmente, com toda sua inocência, era tirar seu anjo da guarda de uma situação confusa.

— Tonico, me dê só um instante. Vou levar dona Veridiana até o alpendre. Volto já.

Já titubeante, Tereza fez com que o menorzinho dos meninos caísse em choro.

Tereza pegou-o no colo e sentiu que por hora não poderia se afastar deles.

— Dona Veridiana, peço que me desculpe por não poder lhe dar mais atenção. Mas de fato as crianças esperavam por mim, e não posso desapontá-las. Se quiser ficar e nos fazer companhia, vai ser de bom agrado.

— Não posso, minha filha. Esperam por mim na casa grande. Vou render o menino Ricardo. As constantes noites mal dormidas estão deixando-os extenuados.

— Vá. Agradeço sua visita.

— Pena que não tenha sido de grande ajuda.

— Saber que temos quem se importe já é de grande ajuda, e agradeço ao Pai Eterno por isso.

— Você é uma boa filha de Deus.

— Tento ser. Às vezes é difícil, mas me apego aos ensinamentos que tive.

Um puxão em sua saia pôs término ao difícil diálogo.

— Tereza, você diz que vai brincar, mas só fica nesse blá, blá, blá!

Com as palavras de Tonico, veio o riso de Tereza e tudo se clareou.

— Fique, dona Veridiana, nem que seja por pouco tempo, só o tempo exato de conhecer essas lindas crianças.

— Já as conheço. Quando elas moravam ao pé do barranco, eu os visitava sempre. Mas eram muito pequenos para lembrarem desta velha. Sabia-os aqui. Só não entendo o porquê. Sei do carinho que você tem por eles, mas não pode assumir em responsabilidade os deveres de outrem.

— Irresponsabilidade seria deixá-los como um barquinho à deriva. Dou a mão a eles, e Deus com certeza estará segurando a minha, para melhor poder guiá-los. Desculpe se falo assim, mas sou sincera. Quanto à forma que terei para sustentá-los, Ricardo não deixará que nada falte a essas crianças, e, como a senhora mesmo disse conhecer todos os acontecimentos, saberá de certo o porquê.

— Já vou indo. Estou fazendo com que perca seu precioso tempo. Não é assim? Esses olhinhos apertados respondem por você.

As crianças estavam mudas, sem choros e reclamações, mas de fato os olhinhos ávidos falavam por si mesmo.

Veridiana retirou-se, e Tereza entregou-se de coração, esquecendo o mundo lá fora. No momento só teriam risos e brincadeiras.

Na casa grande:

— Vá, meu rapaz. Descanse um pouco que ficarei aqui atenta. Qualquer anormalidade chamarei.

Augustus dormia um sono pesado. Agora já não estava recostado. O filho acomodou-o de forma que pudesse estar preparado para a longa noite de sono e não de conversas e revelações.

Eleonora descansava em seu quarto e conseguiu adormecer com ajuda dos espíritos auxiliadores. Se estava extenuada, sem forças até para orar, era hora de o fazerem por ela.

Ricardo ajeitou-se nos altos travesseiros, mas rolava de um lado para o outro sem conseguir se desligar dos últimos acontecimentos.

Uma batida na porta fê-lo lembrar que na casa tinha mais alguém e, apesar de não concordar agora em nada com ela, era hóspede e merecia atenção.

— Entre.

Lídia adentrou, mas agora não usava pele de cordeiro. Pensou muito sobre o assunto e, mesmo gostando do rapaz, não conseguiu se ver com ele, vivendo uma vida em comum contando trocados. Eles se formariam e tinham combinado abrir um escritório na cidade, já que seu pai tinha conhecimentos importantes; mas agora, querendo dar uma de "bom samaritano", via aqueles sonhos longe de acontecerem.

— Ricardo, estou partindo amanhã bem cedo. Espero que arrume alguém que me leve até onde possa ver um pouco de civilização. Tenho certeza de que encontro um bom táxi que me faça chegar ao equilíbrio de minha casa.

— Você tem todo o direito de partir. Ainda mais que as férias estão por terminar e não sei se voltarei esse semestre.

— Não estou falando? Desequilíbrio total. Esqueceu que logo se formará? Esqueceu as promessas, o sonho de abrir nosso próprio escritório com ajuda de meu pai. Esqueceu?

— Acha que tenho cabeça para pensar agora em meu futuro? Uma tormenta chegou a esta casa e parece não querer ir embora; acha que posso dar as costas a tudo que acontece ao meu redor e voltar para a cidade, tocando minha vida como se nada estivesse acontecendo? Acha que sou capaz? Que não tenho escrúpulos, que sou igual ao meu pai?!

— Já lhe disse e repito: você é tolo. Um cavaleiro andante envergando uma armadura reluzente e a espada em punho, defendendo pobres inocentes.

Ela falava com sarcasmo e abateu o rapaz.

— Lídia, não é o melhor momento para tripudiar. Se está de partida, eu mesmo a levarei até em casa. Desse jeito aqui chegamos, e é desse jeito que retornará.

— Quanta delicadeza! Mas não quero. Você tem uma família enorme para cuidar; seu pai, em cima de uma cama, e sua mãe desorientada precisam de consolo. Vê que caos está sua vida? Ricardo, vamos embora comigo. Tem quem cuide de seu pai, e agora, mais do que nunca, Tereza se esmerará em cuidar tanto da casa quanto de dona Eleonora.

– Não entende. Você foi criada com tanto mimo que não vê nada diante de seu nariz. Fui cego. Pensei que me tinha amor e amizade, mas agora sei que só ama a si mesma. Lamento seu caminho. Lamentará mais tarde se não mudar. A riqueza está no outro mundo. Pérolas, diamantes... Você já parou para olhar o infinito? O céu estrelado, a lua esplendorosa? A chuva de prata que cai e mata a sede do gado e molha as plantações? Não! É tola demais para apreciar as vicissitudes: como o descer do dia e o levantar da noite. As nuvens em sua força total brincando de cobrir o sol, o lago... Parou de fato para apreciá-lo ou só lhe serviu para humilhar Tereza?

— Pobre coitado. Está na profissão errada. Nem deveria voltar e terminar seu curso. Se diz que tudo isso é riqueza, não precisa trabalhar. Viva de sonhos.

Lídia retirou-se do quarto, fazendo questão de bater com toda força a porta, que a separaria de vez de quem ela pensava estar em suas mãos.

Ricardo estava tão cansado que a deixou ir. Ir-lhe atrás significaria mais desentendimentos. Ela não compreendia, nunca compreenderia.

Pensou em Tereza. Era o oposto de Lídia. Via-a cair sobre o feno, suas faces coradas, seu rosto iluminado. Quantas vezes teve vontade de apertá-la em seus braços e dizer-lhe que seria seu escudo contra todo mal que pudesse lhe atingir. Em parte Lídia tinha razão. Perto de Tereza sentia-se enorme, capaz de defendê-la de um exército. Sacudiu a cabeça querendo limpar os pensamentos. Era sua irmã; talvez por isso o desejo de sempre querer defendê-la. Uma lágrima desceu pela sua face. Queria defendê-la de tantos e de seu próprio pai, que a espezinhava, nada fez.

Ricardo saltou da cama. Não conseguiria descansar. Agora os pensamentos o atordoavam, pensando no lago, nas crianças abandonadas, na confissão de seu pai e no martírio de sua mãe.

Desceu e foi render Veridiana que também deveria estar cansada, pois a idade pesava em seus ombros.

— Meu menino, faz pouco que foi para seus aposentos; que faz aqui se o mandei descansar?

— Não consegui. Minha cabeça ferve.

— Desculpe essa velha intrujona, mas fui falar com a menina Tereza. Queria ajudar, esclarecer alguma coisa. Sei que posso ajudar.

— Sobre o que você está falando?

— Essas paredes fortes não são suficientes para reter o que aqui nesse aposento se fala. Ouço e levo o que escuto até o passado.

Ricardo sentou-se, pois as pernas lhe pesavam. Olhou aquela mulher que passara boa parte da vida na fazenda e em quem poucas vezes reparara.

— Então, o que poderia dizer de tão esclarecedor a Tereza?

Uma tosse, um gemido rouco, pôs fim ao que poderia começar a elucidar certos fatos.

— Ricardo...

— Sim, pai, estou aqui.

— Estamos sozinhos?

Ricardo ia responder que não, mas pensou nas palavras daquela mulher que vivera ali tantos anos e, ao que parecia, sabia de tudo.

— Sim, pai. Só eu e o senhor.

— Filho, parecia que também estava a velha Veridiana; se ela se foi, posso lhe falar: não acredite nela, é mexeriqueira, vivia me atormentando. Só não a mandei embora por causa de sua mãe.

— Não se canse. Durma, que lhe fará bem.

Ricardo estava desconfortável, pois ao seu lado estava quem estava sendo alvo de desmoralização.

Ela retirou-se do quarto, antes mesmo que Ricardo pudesse retê-la para desculpar-se em nome de quem parecia estar com as faculdades afetadas.

Augustus calou-se parecendo voltar a dormir, e o rapaz sentou-se para não cair.

Suas pernas, que pareciam estar fortes, agora baqueavam diante das adversidades.

Um arrastar de pés, não característico, fez adentrar no quarto quem se pensava dormir.

— Mãe! Venha, sente aqui.

— Mãe, está tão desfigurada, cansada, por que voltou? Tem que descansar.

— Como posso? Minha mente dispersa não deixa o sono vir.

Ricardo abraçou-a, e assim ficaram por um bom par de tempo.

— Ele despertou?

— Por segundos.

— Filho, o que vamos fazer?

— A respeito de quê? Como proceder em relação aos últimos acontecimentos ou ao estado em que ele se encontra?

— Filho, apesar dos pesares, ele agora deverá ser nossa primeira preocupação. Os dias passam e o acho mais baqueado. Não conseguiu ainda um movimento sequer. Não há melhora.

— Rezemos. Pediremos uma luz para nosso caminho: levá-lo de volta à Casa de Saúde ou aqui permanecer com visitas periódicas médicas.

— Mãe, nas radiografias nada de grave foi encontrado. Ele já deveria estar se restabelecendo; mas o que sabemos nós dos desígnios de Deus?

— Estou tão cansada que minhas orações devem estar de acordo com meu estado de espírito.

— Mãe, não acredito nisso nem a senhora também. Sabe que a oração eleva o espírito e o fortifica. Foi o que me ensinou, esqueceu?

Ricardo sabia que estava exigindo demais de sua genitora, mas não podia deixá-la esmorecer em sua fé. Isso seria um desastre. Um caminhar sob um sol escaldante sem uma brisa leve no rosto, um caminhar em ruas escuras sem a luz do luar.

— Mãezinha, está deveras cansada. Volte aos seus aposentos e, mesmo que não durma, descanse. Ore. Se no início da oração lhe faltarem forças, com a continuidade será envolvida com a força de sua fé. Vá, mãe. Que o Senhor misericordioso proteja a todos nós.

— Você é um filho de ouro.

— Sou apenas seu filho.

A paz voltou a reinar. Ricardo recostou-se em uma poltrona que havia ao lado da cama do pai e, mesmo brigando para não adormecer, foi embalado por suaves orações ditas naquele momento por uma mãe ardorosa.

Amanheceu sem que ele se desse conta. Um toque em seu ombro e um forte perfume logo o despertaram.

— Estou esperando há tempos. Não disse que iria me levar? Pois estou esperando.

Ricardo assustou-se com Lídia, deu um pulo e se refez. Mesmo sem seu desjejum, entregou seu pai ao cuidados de Veridiana e se foi.

— Você saiu sem se despedir de minha mãe? Não esqueça que ela era sua anfitriã.

— O que ia dizer, poderá fazê-lo por mim. Não quis esperar que acordasse. Quero chegar o quanto antes a minha casa, rever os meus e me afastar de toda essa história engendrada por seu pai.

— Está no seu direito. Está de férias e se viu em meio a uma confusão.

— Pior do que isso é ser incompreendida por quem pensamos ser parceiro, unidos em um só sentimento.

— Lídia, não vamos começar de novo. Quando refletir melhor, verá que tenho razão.

— Quando refletir melhor, verá que tenho razão ao dizer o quanto é tolo.

O rapaz não mandou de volta a resposta. Calou-se. Estava cansado demais para retrucar. Foi uma viagem longa. Parecia interminável.

Horas depois, sem mesmo parar para um possível descanso, chegaram à frente da mansão onde aquela rica moça residia. Uma tabuleta com letras pintadas estava presa bem na entrada principal: "Vende-se".

— O que vem a ser isso? Deve haver algum engano. Algum engraçadinho, um desses tolos que não têm o que fazer deve ter feito essa brincadeira de mau gosto.

Lídia saiu do carro antes mesmo que os grandes portões fossem abertos para lhes dar entrada. Latidos de cães, e logo vieram atendê-la.

Lídia até esquecera quem a acompanhava. Ao empregado, foi logo descarregando não as bagagens que ocupavam o carro, e sim palavras furiosas.

— Onde estão todos desta casa? Não viram ainda que somos alvo de brincadeiras?

Ela estava aos gritos e indicava a grande placa.

— Senhorinha, foi posta a mando de seu pai.

— Está senil! Bem que já falei que tinham que remodelar o quadro de empregados desta casa. São uns inúteis. Eu mesma vou averiguar.

Entrou em casa como uma rajada de vento.

Ricardo, que estava cansado demais para entender alguma coisa, ajudou o empregado com a bagagem e se despediu, deixando saudações à família.

A viagem de volta serviu para pôr em ordem os últimos acontecimentos. Voltou sem pressa e parecia que tinha acabado de deixar na cidade um de seus problemas.

Ao chegar, deparou-se com a porteira aberta, o que não era de costume. Logo recebeu a notícia.

— Levaram seu pai.

O rapaz parou o carro frente à casa e subiu os degraus aos saltos.

— Mãe! Veridiana!

— Filho, onde você foi? Saiu cedo com Lídia. A passeio não seria, não é?

O rapaz, beijando-lhe a mão, tentou explicar de maneira suave.

— Lídia quis ir embora hoje cedo. Acordou-me até. Saudades dos seus, como me disse ela.

— É compreensível.

— E meu pai? Deixei-o dormindo sob os cuidados de dona Veridiana.

— Sim, mais logo ele começou a agitar-se e parecia febril. Tentamos acalmá-lo, mas foi inútil. Pedi que Pedro fosse chamar o doutor, já explicando o que se passava. Ele veio já preparado e o levaram para a Casa de Saúde. Disseram ser melhor, pois teriam mais recursos.

— Não entendo. Ele disse que os exames do pai em nada estavam alterados, que sua imobilidade era devido ao trauma sofrido.

— Filho, estou tão angustiada. Em seu pai não vejo melhoras, e logo não estará aqui pois terá que retornar aos estudos.

— Não voltarei.

— Como não? Está prestes a se formar.

— Por hora ficarei aqui, e depois completo a faculdade. Vocês precisam de mim, não os abandonarei. Agora deixe-me falar com dona Veridiana. Quero saber o que de fato aconteceu.

— Fiquei aqui como o senhor me pediu, ele começou a balbuciar alguma coisa e logo o estava chamando insistentemente. Disse-lhe que havia ido até a cidade. Ao me ver, o senhor já sabe...

— Não. Não sei. Quero, por favor, que a senhora me explique.

A mulher estava sentada e contorcia as mãos em sinal de nervosismo.

— Fico constrangida em falar. Mas não sou mexeriqueira; do que via, nem uma palavra saia de minha boca.

— Vamos, continue.

— Vi a bagagem da senhorita, mas nada disse a sua mãe.

— Adiante, dona Veridiana, sabe muito bem que não é isso que quero saber.

— Não sei como começar. Falar de alguém que não está aqui...

— Por favor, se pode nos ajudar, que o faça em nome de Deus!

No além...

— Prudêncio, sabemos que o tempo na Terra não é o mesmo de onde nos encontramos. Nossa filha pode demorar anos em sua missão, sem que possamos falar-lhe. Vamos até o templo e oraremos com fervor. A oração é o esteio para qualquer situação. Temos que ajudar quem deixamos e sofre por saudade e situações formadas.

Prudêncio deixou de lado suas flores e seguiu Emerecilda, que também, como sempre, estava acompanhada.

Quando chegaram perto de quem os aguardava, tiveram uma surpresa:

— Emerecilda e Prudêncio, em vez de irmos ao Templo, temos uma missão a cumprir.

— Mas...

— Eu sei de sua preocupação, Emerecilda. Tenho ordens superiores para levá-los a um certo lugar.

Logo, como num abrir e fechar de olhos, estavam onde viveram em comunhão anos e anos.

Foram primeiro ver Tereza que ainda dormia em meio às crianças, fisionomia abatida. Pelo passar de horas, não foram dormir cedo.

Era uma cena comovente: todos aninhados a ela, nem que fosse num tocar de braços.

— Ainda parece uma menina. Está tão desamparada.

— Emerecilda, esse sentimento em nada vai ajudá-la. Ela precisa de força, serenidade. É por isso que estamos aqui. Ela deixou de lado a miséria humana, seus pesares, pensamentos que poderiam estar alimentando sua alma de sentimentos que a transformariam, quando uma criança ou várias crianças requisitaram sua presença. Vamos ajudá-la. Tentaremos em nome de quem a nenhum filho desampara.

Os três uniram as mãos, e a oração foi um bálsamo a cobrilos, como se fosse um macio e quente cobertor.

Deixando a humilde habitação, foram para a casa grande onde ainda estavam a conversar Ricardo e Veridiana.

— Senhorzinho Ricardo, esta velha diz e desdiz. Minha cabeça está fraca e pouco posso lhe dizer.

— Mas a senhora...

— Desculpe, meu filho. Seu pai tem razão quanto a quem fala da vida alheia. Estou nesta casa para trabalhar, como os instrumentos de arar a terra; fazem o que lhes é destinado e nada mais têm a fazer. Então, deixe esta velha trabalhar, pois é só o que ela sabe fazer.

Os três em um canto escutaram a estranha conversa.

— Dona Veridiana... O que será que ela sabe e não quer falar?

— Tudo que viu e escutou ao longo desses anos em que aqui vive.

— Será que ela pode esclarecer sobre a paternidade de nossa neta?

— Por isso estamos aqui. Ela sabe e teme falar, pois é um segredo que lhe foi confiado por quem já partiu, e ela pensa que de uma hora para outra poderá voltar e não gostará que tenha aberto o que está guardado por tanto tempo. Emerecilda, vá até ela. Fale-lhe. Diga-lhe que se faz necessário. Que almas estão sofrendo e muito mais sofrerão se esse segredo não for revelado.

— Como posso falar-lhe? Não me vê, não me ouve.

— Esqueceu o que aprendeu? Vou deixá-la aqui e irei até a Casa de Saúde onde se encontra Augustus.

— Vai deixar-me sozinha?

— Emerecilda, olhe ao redor. Veja se está só.

Várias figuras visíveis a ela rodeavam o aposento e emitiam vibrações saneadoras que percorriam todo o ambiente. Emerecilda sentiu-se forte, serena e passou isso para quem no momento estava precisando muito.

E o diálogo continuou.

— Não vou mais insistir. Estou preocupado com meu pai, com Tereza, com meus pequenos irmãos. Vou trazê-los para casa, que é o lugar deles.

— Só um é seu irmão.

— Como sabe? Quem lhe contou?

— Acompanhei todo o tormento de Mariazinha. Seu pai a engravidou e depois mandou um peão com dinheiro para que ela colocasse a criança fora. Ela me procurou e aos prantos me contou o que acontecia. Ajudei-a. Disse a seu pai que o aborto já tinha sido feito e ele acreditou.

— E as outras crianças?

— Ela foi para longe, para casa da irmã e, quando voltou, os trouxe como seus filhos. A irmã morreu tísica, e antes dela o marido já tinha ido da mesma doença.

— Por que no bilhete que deixou a Tereza insinuava serem todos filhos de meu pai?

— Ela não queria proteger só um. Não seria digno. Todos precisam de amparo; e, como seu pai nunca a deixou em paz, a dúvida permaneceria. Pois de tempos em tempos ela se afastava e voltava com mais um. Não os trouxe todos de vez. Não tinha condições para isso. Uma vizinha da irmã a ajudou cuidando-os até que viessem todos; confundi-los era fácil. De idade era escadinha. Quando aconteceu o acidente do barranco, em que você fez com que seu pai assumisse responsabilidade pelo fato, já que o terreno trabalhado acima do barranco era usado por ele, e ele a instalou perto do lago, o martírio dela aumentou. O rapaz com quem ela vivia, e que tinha assumido as crianças, não tolerou mais chegar e encontrar o patrão como se fosse dono de suas vidas, como era da terra que pisavam.

— Então, qual deles é meu irmão?

— Depois de tudo que lhe falei, importa qual seja? São todos pequenos filhos do mesmo pai: Nosso Pai, Senhor de tudo que existe, não só dessas terras, mas de tudo que há sobre ela.

— Eu entendi. Somos todos irmãos, filhos do mesmo Deus. Obrigado.

Emerecilda continuava junto com outros espíritos a enviar-lhes forças.

— E Tereza? É mesmo filha de meu pai? Não falo do Pai Eterno; falo do senhor Augustus — continuou o rapaz.

— Rapaz, esta velha está cansada demais. Buscar recordações me deixa baqueada. Logo volto a lhe falar.

Ela levantou-se e, com passos lentos, deixou o aposento, e Ricardo não teve coragem de insistir.

CAPÍTULO • QUINZE

O segredo

Um pouco distante dali:

— Minha nossa! Nem parece aquele homem que parecia maior do que todos que ficavam a sua frente. – disse Prudêncio.

— Era a soberba que o fazia pensar estar acima de qualquer um, até de Deus. – ensinou o orientador que acompanhava o avô de Tereza.

— Pobre senhor Augustus. Mas quando penso que...

— Não, Prudêncio, não faça assim. Ele merece misericórdia, como todos merecem. Arrependeu-se de seus atos e, de mais a mais, quem somos nós para julgá-lo? Ainda somos espíritos a caminho da luz do Senhor.

— Me perdoe.

— Também não sou eu que tenho de perdoá-lo, sou só um instrutor. Terá que aprender a discernir, a ajudar mesmo que situações anteriores lhes tenham cruzados os caminhos. Oremos. Será um bálsamo, se não do corpo, aliviará as tensões da alma.

Prudêncio orou com fervor. Não lhe tinha ódio. Servira-o por tantos anos. Não lhe era gentil, mas também nunca o maltratara. Não gostava quando usava seus serviços para coisas escusas, como levar dinheiro a alguma dona com quem ele se encontrava de tempos em tempos, maculando a fidelidade a uma pessoa como dona Eleonora, que era só bondade, boa esposa, mãe dedicada e amiga de todos.

— Sim, Prudêncio. Ele tinha tudo para trilhar caminhos amenos, mas optou pelos descaminhos. Ele está mais sereno e, graças aos Céus e a outros espíritos auxiliadores, está livre dos obsediadores. Logo aqui voltaremos. Você usará a compaixão quando lhe estender a mão.

— Não compreendo.

— Logo entenderá. Vamos, que já se faz tarde.

Logo estavam os três reunidos, e Prudêncio voltou à função que tinha no plano espiritual.

— Então, Emerecilda, o que você aprendeu hoje?

— Aprendi que tenho que ter mais serenidade para pôr em prática o que tenho aprendido. Acreditar que, se o Senhor permite essa troca de energia, é porque a nenhum de seus filhos desampara. Mesmo se trilharam caminhos errados, sempre há uma mão estendida para aqueles que se dizem arrependidos.

— Se refere ao senhor Augustus?

— Ele e outros tantos iguais. Mas, voltando ao que também diz respeito a ele, Veridiana sabe a verdade sobre a paternidade de Tereza, não é?

— Você acabou de falar em serenidade. Paciência e fé também fazem parte do aprendizado, e tudo será esclarecido.

— Como o senhor sempre diz, ainda estou caminhando e agradecendo sua ajuda por cada momento em que posso subir mais um degrau.

No plano físico, numa casa abastada, Lídia estava exasperada.

— Como preso? Por que não foram me buscar?

— Filha, ficamos desnorteados. Primeiro o pensávamos viajando, pois era o que sempre fazia. Às vezes, levava dois a três dias para voltar a telefonar. Esperamos, até nosso advogado entrar em contato; ele precisava de uns documentos. Mais do que isso: um escândalo desse logo estaria em todas as rodas da sociedade.

— Que vergonha. Como vou poder retornar à faculdade e rever meus amigos?

— Filha, como pode pensar em seus amigos e esquecer de seu pai? Ele está em cárcere privado.

— Eu sei! Não precisa repetir. Quero esquecer. Quero saber por que colocaram nossa casa à venda. Seriam recursos para pagar advogados? Não. Sei que temos o suficiente.

— Não sabe. Você só sabia gastar. Seu pai estava envolvido em dívidas e se meteu em negócios escusos. Agiotagem, eu acho.

— Isso é pesadelo! Acordei, sai de um e estou em outro pior ainda.

— Filha, não seja egoísta só pensando em si. Seu pai precisa de amparo, de nossa compreensão, saber que estamos ao seu lado. Hoje mesmo vou tentar uma visita a ele com nosso advogado. Queria que ele nos visse juntas. Lhe daria forças.

— Nunca! Não acha humilhação demais?

— Lídia, sempre deixei que fizesse o que quisesse, mas agora é diferente. A vida me deu uma sacudida, me fazendo olhar ao redor. Dinheiro, bens, viagens, estudo, nada disso é mais importante do que a saúde física e mental de quem amamos. Apronte-se, que você vai comigo! E trate de desarrumar suas malas porque não tem quem o faça. Como já percebeu, estamos reduzidos ao jardineiro e a quem nos serve há muito tempo e disse que trabalhará para nós mesmo que seja por um prato de comida e moradia.

Lídia caiu no chão em meio a um estrondoso pranto. Agora não era dramalhão. O reverso da vida a atingiu em cheio.

A mãe ficou penalizada. Fora dura demais. Sua filha não estava preparada para tanto.

— Lídia, não tem por que ficar desesperada. Logo estará formada e vivendo com uma família abastada. Nada mudará.

— Mãe, você não sabe de nada. Nunca soube. Você e meu pai assinavam os cheques, e os empregados é que sabiam se eu estava feliz ou precisava de carinho. Nunca se importaram. Quanto ao meu pretenso noivo, não quero terminar meus dias com um avental, jogando milho para os galináceos. Vou para meu quarto. Ainda o tenho, não é, ou a senhora o alugou para algum ser esnobe?

— Lídia!

A mãe tentou abraçá-la, mas ela desvencilhou-se e subiu correndo as escadas.

Em outra habitação... simples, mas de muita compreensão...

— Vamos crianças, dormimos demais. Se eu perder esse emprego, não terei como pôr pão quentinho na mesa. Tonico, vá com os pequenos. Ajude-os no asseio, que colocarei uma bela mesa para o café.

Logo o cheirinho da mandioca cozida, com manteiga, descendo a encosta, fazia salivar quem passava por ali.

Na casa grande...

— Filho, vou até a casa de Tereza. Quero ver as crianças. Descanse um pouco, depois vá até seu pai e me traga notícias.

— Mãe, Tereza logo estará aqui. Descanse.

— Quero ajudá-la com as crianças, seus irmãos, esqueceu?

— Mãe!

— Escutei o que você e Veridiana diziam. Ia entrar no quarto quando ouvi o que conversavam. Não quis interromper; mas não se aflija, nada mais me surpreende. Estou bem. Sair um pouco me fará bem. Vou até a cozinha ver o que posso arranjar para aquelas criaturinhas.

— Não será melhor trazê-los? Aqui tem mais espaço.

— E quando seu pai voltar? Não podemos pedir a quem vive de brincadeiras que silencie, e, de mais a mais, tenho que ouvir Tereza. Se ela soube até agora o que é melhor para eles, saberá o que fazer.

— Está certa, mãe. Sempre está.

Eleonora foi até a cozinha e fez um farnel. Colocou em uma cesta o que poderia carregar e rumou para casa de Tereza.

— Tereza, você está mesmo atrasada. Dona Eleonora está vindo te buscar.

— Tonico, deixe de histórias e ajude seus irmãos a se sentarem.

— Posso entrar? Hum... que cheirinho delicioso!

Tereza ficou desconcertada com aquela visita matutina. Nunca tinha se sentido assim ante a presença de tão simples criatura.

— Dona Eleonora! Desculpe se estou atrasada. Fiz com que se deslocasse até aqui.

— Não, Tereza. Eu vim ver as crianças. Trouxe algumas guloseimas que achei na cozinha. Sei pelo cheirinho que pouco posso acrescentar nesse desjejum.

Eleonora falava e em seu rosto desenhava-se um sorriso franco que logo conquistou as crianças e desanuviou Tereza.

Um pedaço de bolo de chocolate, uma torta de amora quase inteira, pão que a cozinheira acabara de fazer, fez com que as crianças pensassem ser um dia festivo.

— Tereza, de quem é o aniversário?

— Bem, que tal comemorarmos por esse lindo dia?

— Tereza, está chovendo!

Rapidamente, Tonico foi até a varanda e voltou com as mãozinhas molhadas na goteira e as mostrou.

— Sim, Tonico, mas não é maravilhoso? É um enorme regador que Deus tem, para manter as flores viçosas, as árvores floridas, o lago renovado e sua cabecinha respingada, pois não foi só a mão que molhou.

Com essa observação, todos caíram na gargalhada. Realmente, era um bom começo de um longo dia.

Apesar de já ter se alimentado, Eleonora não se esquivou quando Tereza ofereceu-lhe um banquinho para que se juntasse a eles à mesa.

As crianças comiam que se lambuzavam. Enquanto isso, as duas puderam entabular um difícil diálogo.

— Pensei que a senhora estivesse sentida comigo.

— Tereza! Por que estaria?

— Minha mãe. Desculpe, dona Eleonora, mas não sou filha de seu esposo. Não o sinto. Se não fossem as crianças, arrumaria minha trouxa e iria à procura de minha mãe.

— Onde, Tereza? Ela partiu e não deu mais notícias. Sempre viveu nesta fazenda; o mundo lá fora é cruel. Não sobreviveria.

— Desculpe se vou magoá-la com o que vou falar, mas, se o senhor seu esposo acha que sou sua filha, entre ele e minha mãe algo aconteceu. Não é cruel?

Lágrimas desceram vagarosas pelo rosto de Eleonora, que sabia estar cheia de razão aquela mocinha inexperiente.

Na casa grande...

Veridiana tinha voltado ao quarto, onde estivera o enfermo, para trocar a roupa de cama. Tudo deveria estar preparado para seu retorno. Ordens de dona Eleonora.

Ricardo estava na sala descansando e não conseguiu resistir ao vê-la passar. Foi pé ante pé, temendo assustá-la.

— Dona Veridiana, vejo que já está recuperada. Podemos prosseguir nossa conversa?

— Meu menino, como esta velha já lhe disse, recordações cansam e às vezes fazem parte de sua memória, mas não lhe pertencem.

— Mas falar o que sabe para ajudar outrem é digno.

— O que sei de dignidade? Só sei que é uma palavra difícil de dizer, mais ainda difícil de se ter.

— Não fale assim. Tantos anos nesta casa e todos sabem de seu caráter.

— Então, não escutou seu pai.

— Ele está doente. Sei que a magoou, mas ele não sabia que naquele momento estava presente.

— Ele tem razão quando diz que a vida dele só a ele interessa.

— Diz isso, mas sabe que não é assim, ainda mais quando os atos praticados fizeram mal a alguém. Se não quer mais falar, não posso obrigá-la a isso. Mas pense bem. Se pode ajudar Tereza, dizendo ser ela minha irmã ou não, saiba que também estará me ajudando. Amo Tereza. Estou confuso quanto a esse amor. Acho que a amei em pequeno quando a procurava nos montes de feno e a achava porque ela não podia conter as gargalhadas. Já rapaz formado, ansiava pelas férias e só agora entendi que um dos motivos era por ela estar aqui. Com a revelação de meu pai, senti uma enorme dor no peito e então despertei para esse amor. Amor fraternal? Talvez seja, só a senhora pode dizer ao certo.

Veridiana parou o que estava fazendo, olhou-o e respondeu já saindo do quarto:

— Não posso dispor do que não me pertence.

— Então, o que você foi fazer na casa de Tereza?

— Confortá-la.

— Escondendo a verdade? Se sabe a verdade e ainda está por essas bandas, só pode ser para elucidar esta casa. Deus deve ter colocado a verdade em suas mãos porque tinha para a senhora esse propósito.

— Vou pensar nisso.

E assim falando, deixou o rapaz com a dúvida cruel.

Ele estava exasperado. Não entendia por que, só agora que não podia, via Tereza com outros olhos. Queria tê-la por perto, tocar em suas mãos, acariciar seus longos cabelos e dar-lhe o ombro quando preciso. Não! Ele passou as mãos pelos cabelos, respirou fundo e fez o que até aquele momento não tinha feito: orar.

Mais adiante...

— Vamos crianças; se já acabaram, vão com Tonico lavar as mãozinhas.

— Tereza, leve-os com você. Augustus foi internado de novo; eles poderão brincar à vontade.

— Não vão incomodar? A senhora e Ricardo precisam de descanso.

— Quer descanso maior do que olhá-los e esquecer os dissabores? O cansaço às vezes vem da alma. Não adianta deitarmos o corpo se a mente não descansa.

Tereza assentiu com a cabeça e foi arrumar as crianças.

Logo iniciava-se a correria. Um pé de chinelo deixado para trás e logo todos voltavam.

— Eles são assim mesmo. Muito unidos, apesar de tão pequenos.

— Você os ama, não é, Tereza?

— Sim. Vou sentir falta quando Mariazinha vier buscá-los. Mas sentem falta da mãe, e rogo a Deus todos os dias para que ela encontre o caminho de volta.

Uma correria na sala fez com que Ricardo despertasse. Depois de orar, envolvido nas preces, conseguiu até cochilar.

— Então, temos visitas.

— Ricardo!

Tonico foi até ele, enlaçou suas pernas, no que foi imitado pelos demais.

— Onde está Tereza?

Eles o puxaram até a porta e mostraram-na caminhando vagarosamente em companhia de Eleonora.

Na Casa de Saúde:

— Temos que avisar a família. Não sei o que aconteceu; não parece estar debilitado, mas enfraquece a cada momento.

Augustus, que parecia alheio a tudo que acontecia ao seu redor, ao contrário do que pensavam, escutava o que diziam e fez o que já deveria ter feito ao longo de sua desvairada vida: orou.

— Pai, se enfraquece meu corpo, fortaleça meu espírito; se a cura da carne não for possível, ajuda-me a curar minha alma. Esse tempo de inércia fez-me ver o quanto sou pequenino. Dependente de todo ser que habita essa terra, seja qual for sua posição social. Que meu filho e minha esposa possam me perdoar pelo mal que lhes causei. Pensei ser dono do mundo, tal era minha arrogância. Era cego sem ter perdido o sentido da visão, era insensível porque não tinha tato; meus ouvidos só ouviam o que me interessava. Era surdo sem ter problemas de audição. Não senti o cheiro das flores, da mata, do café, do desjejum preparado com tanto zelo por minha amada esposa. Que um dia ela possa me perdoar. Pelo perdão Senhor, que eu possa ser conduzido por bons espíritos para a vida eterna.

Em um canto da enfermaria:

— Era isso que queria dizer? Ele está partindo?

— Sim, Prudêncio, e você está aqui com a missão de ajudá-lo.

— Não sei se poderei. Sabe o que ele fez a minha filha, a minha neta e outros tantos.

— Prudêncio, quem somos nós para julgá-lo? Agora ele arrependeu-se dos maus feitos praticados e de não saber viver bem. Em nenhum momento pediu pela vida terrena, mas sim pela salvação de sua alma.

Prudêncio entendeu o recado. Foi juntar-se a outros espíritos que rodeavam o enfermo.

Augustus adormeceu... o sono eterno.

CAPÍTULO • DEZESSEIS

Na morte, a redenção

Um tempo depois:

— Onde estou?

— Em tratamento, na casa do Pai.

Quando ele se virou para olhar quem lhe falava, deu um salto de onde estava.

— Prudêncio!!!

— Sim, senhor, nos encontramos mais uma vez.

— Está diferente. Mas você não morreu?

— Morreu meu corpo, permaneço vivo em espírito, como todos os que se encontram aqui.

— Então... eu...

— Sim.

— Veja, Prudêncio! Estou livre! Posso andar, mexer os braços. Deus! É maravilhoso!

— Só percebemos o quanto temos quando nos falta, e que nem percebíamos que era como o senhor diz: maravilhoso. Seu espírito se libertou da prisão em que se encontrava. Passada a euforia, ele deitou-se de novo amuado.

— Sente ainda dores do corpo? Se isso acontece agora, logo desaparecerá.

— Não, Prudêncio. Se estou agora do outro lado da vida, como sempre me falou Eleonora, devo pagar pelos meus erros. E foram tantos!

— Arrependeu-se. Como pensou, teve todos os sentidos e não soube usá-los; quando os perdeu por conta do acidente, pôde ver melhor, escutar melhor. Preso na armadilha preparada pelo destino, virou um observador.

— Ficará aqui comigo?

— Não. Cada um segue o caminho que traçou lá na Terra através dos feitos.

— Então, aqui começarei meu martírio?

— Não. Seguirá adiante o que começou. Não basta só arrepender-se; estudará o Evangelho e seguirá a Doutrina. Ajudará quem precise de ajuda. Vai se reconciliar com quem fez sofrer. Trabalhará em um lugar onde espíritos sofrem por não acreditar que para todos há salvação.

— Poderia ter sido tão amado, mas só fiz com que me odiassem. Amor mesmo, só de minha esposa e filho, assim mesmo, depois de saberem tudo o que fiz, não sei se me perdoarão e lembrarão de mim com amor.

— É um preço que terá que pagar. O que sentirem em relação a você, será a colheita do seu plantio. Mas, veja, esperamno; vá em paz!

— Não me odeia?

— Por que odiaria? Sempre me tratou como achava certo tratar um serviçal.

— Sei que você entendeu. Falo de Tereza ser minha filha.

— Digo que nada entendo ainda. Não sei o porquê de certos acontecimentos. Mas entrego na mão do juiz que temos dentro de nós e do Pai Maior.

Ele afastou-se, pois sua hora acabara; esperavam-no para conduzi-lo ao local onde começaria seu resgate.

Na casa grande, chegou a notícia: Eleonora derramou lágrimas sentidas. Ricardo tentava confortá-la, mas sentia-se meio perdido em meio a tanta dor.

— Mãe, temos que ir até lá. Não será bom o trazermos por causa das crianças.

— Vou me aprontar. Enquanto isso, meu filho, pegue os documentos que achar necessários. Estão em envelopes na escrivaninha do escritório.

Cada um foi para um lado; até esqueceram que naquela sala estava Tereza com as crianças.

— Tereza, por que dona Eleonora chora?

— Porque alguém partiu.

— Eu e meus irmãos também choramos quando nossos pais partiram, mas fala para ela que Deus o guiará de volta, como fará com a mãe e o pai.

— Sim, Tonico, falarei.

Tereza acariciou a cabecinha da pobre criança, envolvendo-a em um abraço apertado.

— Tereza, sei o quanto é difícil para você, mas será que faria companhia a minha mãe? Terei o que resolver e, com certeza, não poderei ficar sempre ao seu lado.

— E as crianças?

— Pedirei a dona Veridiana que as olhe e cuide.

Uma vozinha entrou na conversa:

— Você não vai, não é, Tereza?

— Tonico, você já é grandinho, e mais uma vez peço que ajude dona Veridiana a tomar conta de seus irmãos. Pedirei a Pedro que os leve para ver os cavalos e quem sabe tomar montaria em um lindo potrinho.

As crianças, ao escutarem falar de cavalos, se entusiasmaram tanto que até aplaudiram.

As ordens foram dadas, e, depois de Tereza trocar a vestimenta, partiram. Eleonora estava inconsolável. Partiu seu companheiro, e ela já se sentia só. Apesar dos pesares, Augustus era sua constante companhia.

— Mãe, não fique assim; logo a senhora que sempre deu forças a todos quando precisavam. Quando Tereza perdeu os avós, a senhora foi sua fortaleza. Por favor, mãezinha, não esmoreça. Lembre-se de que estou ao seu lado e nunca vou desampará-la.

Eleonora enxugou as lágrimas, recostou a cabeça e ficou vendo a calmaria que existia por aquelas paragens.

Tereza manteve-se calada. Sentia a morte do senhor Augustus, mas lembrou-se da prisão em que agora ele vivia e lamentou sua dor.

Tudo foi por Ricardo rapidamente resolvido; o contato com os poucos familiares foi feito e no cemitério, à tardinha, foi o corpo baixado.

Optaram por ficar na cidade até o dia seguinte. Estavam todos muito cansados. Veridiana já tinha ficado de sobreaviso para essa possibilidade.

Um tempo passou e o luto já não fazia parte daquela família.

— Tereza, tem certeza que é melhor todos ficarem no mesmo quarto? Temos aposentos suficientes para dividi-los.

— Não é necessário, dona Eleonora, e depois será por pouco tempo: logo Mariazinha voltará e eles irão embora.

— Tereza, qual deles é filho de meu finado marido?

Tereza foi pega de surpresa. A xícara que estava em suas mãos, do chá que Eleonora acabara de tomar, caiu no chão espatifando-se.

— Deus! Desculpe dona Eleonora! Desfalquei o aparelho que a senhora tanto aprecia.

— Coisas materiais, Tereza. Aprecio sua delicadeza e disponibilidade toda vez que preciso de companhia e a paciência e o amor que você tem para com as crianças.

— Tereza, o que aconteceu?

— Filho, para que esse espanto? Foi só uma xícara quebrada.

Tereza estava agachada a catar os cacos, e Ricardo interrompeu-a.

— Deixe que faço isso. Tem as mãos delicadas e poderá se ferir.

Ele a pegou pelo braço e seus olhares se encontraram, sendo observados por Eleonora, que não sabia o que fazer com aquela situação. Eram irmãos, mas no ar existia uma forte chama que ultrapassava o amor fraternal.

C A P Í T U L O • D E Z E S S E T E

O reencontro

Passado o encanto...

— Mãe, tenho que ir até a cidade. Documentos ficaram pendentes e também tenho alguns contatos do pai que ainda não sabem de sua morte. Quero me apresentar a eles. Não quero que se afastem, pois a fazenda depende deles e muitos dependem do progresso dela. Vai comigo?

— Não gostaria de ir, mas tenho uma incumbência que você não poderá fazer sozinho.

— Fale, mãe. Seja o que for o farei. Se quer a lua prateada para iluminar seus dias, irei até o infinito e a trarei.

Tereza riu da colocação do rapaz.

— Ricardo, hoje você está espirituoso. Mas preste atenção ao que está fazendo, senão você que terá sua forte mão cortada.

— Ela tem razão, filho. Mas o que desejo no momento e não precisa ir tão longe é que você compre roupas para as crianças. Vejo que elas estão desfalcadas em agasalhos e roupas de dormir. Uns brinquedos também virão em boa hora.

— Mãe, você me deu uma difícil incumbência. Nada sei de crianças. Tereza, não iria comigo? Irá às compras enquanto resolvo o que tenho a resolver. Vou lhe dar uma boa quantia e não quero que economize. Compre algo para você também.

— É em paga pelo serviço?

— Tereza, como pode falar assim? É minha irmãzinha, esqueceu?

Foi como se tomasse uma ducha de água fria. Tereza gelou dos pés a cabeça.

Não queria mais falar sobre aquilo. Não adiantava gritar aos quatro ventos que aquele homem não era seu pai.

— Irei com você. De fato, as crianças estão precisando de algumas coisas. Vou falar com dona Veridiana, depois vou até minha casa me trocar.

— Demore o tempo que quiser. Enquanto isso, esticarei meu esqueleto.

As crianças, que prestavam atenção a tudo o que diziam, começaram a correr em volta de Ricardo, fazendo uma algazarra danada.

— Ele é um esqueleto!!! Um esqueleto!

— Crianças, parem!

De pronto, elas ficaram imóveis, como sempre acontecia quando alguém gritava com elas.

— Não, não fiquem assim. Só quero saber se vocês sabem o que é esqueleto?

Tonico adiantou-se e foi logo dando explicações:

— São os ossos que sustentam nosso corpo. O pai nos mostrou de animais e disse que também é igualzinho dentro do nosso corpo.

— Bela explicação, Tonico. É um menino esperto. Ganhará um presente especial por sua sabedoria.

O menino tentou estufar o magro peito, mas foi empurrado pelos irmãos, pois a brincadeira recomeçara.

Em um canto do aposento, uma dupla os observava a um bom tempo.

— Vê o que digo, Prudêncio? Quando tudo for esclarecido, aqui só reinará a felicidade.

— Emerecilda, tudo no seu tempo certo.

— Falando em tempo, aprendi que o tempo aqui é longo em relação ao outro plano. Quanto tempo demorará minha filha? Não será tempo demais em relação ao que acontece aqui?

— Esqueceu que tem alguém que pode a tudo elucidar?

— Então, por que não o faz?

— Espere. Tenha fé. Mas vamos voltar, que o tempo urge. Outros esperam que os ajudem. Vamos continuar nossa caminhada.

Em outro aposento da casa grande...

— Menina Tereza, vá tranqüila. São ótimas crianças. Trouxeram risos e alegria para esta casa. Lembram os tempos em que você e o menino Ricardo faziam estrepolias.

Tereza chegou-se a ela e abraçou-a com carinho.

— Queria que aquele tempo voltasse. Minha maior preocupação era que Ricardo não me achasse escondida no monte de feno, ou minha avó nos pegasse roubando os bolinhos que ela colocava na janela para esfriar. Éramos tão felizes.

— Ainda será, minha menina.

— Como posso ser, dona Veridiana? Durmo e acordo pensando em como o senhor Augustus agia conosco e na possibilidade de ser... Não! Não quero falar sobre isso. Obrigada por olhar as crianças. Não esqueça que elas têm uma fome voraz.

Ela saiu rapidamente, e Veridiana ficou a se contorcer pelo remorso.

Ricardo dirigindo falava pelos cotovelos, e Tereza respondia com meias palavras. Foi assim até chegarem ao destino.

Ele deixou-a em frente às lojas e marcou o encontro para dali a duas horas em um café que era muito bem freqüentado.

Tereza já se perdia em meio a tantas sacolas que carregava. Ricardo fora generoso para com as crianças. Ela aproveitou para comprar algumas guloseimas, que tinha certeza que elas nunca tinham saboreado. Olhou o relógio e viu que estava quase na hora do encontro.

Estava tão envolvida com as compras que nem sentiu o passar do tempo.

Chegando ao café, Ricardo já estava na porta a esperá-la e apressou-se em pegar as bolsas. Era de fato um cavalheiro.

Tereza, mesmo desajeitada com tantas sacolas, era uma figura graciosa. Os cabelos presos em um sedoso laço de fita realçavam sua beleza. Ricardo ficou embevecido vendo-a chegar. Na porta do estabelecimento foram abordados por uma mendiga recolhida no meio-fio:

— Por favor, me ajudem com uma moeda. Preciso me alimentar para poder trabalhar. Meus filhinhos me esperam.

— Ricardo, acabou o dinheiro que me deu. Com os últimos trocados comprei guloseimas. Será que pode ajudá-la?

— Já sei, Tereza. Farei melhor...

E dirigindo-se àquela que estava sentada na calçada, cabeça baixa, maltrapilha, convidou-a:

— Senhora, não quer nos acompanhar à mesa?

Quando ela levantou a cabeça, Tereza deu um grito.

— Mariazinha!!!

— Tereza!

Apesar de ser uma figura simples, sem sinais de requintes, aquela mendiga estava longe de ser a mesma figura cuidada e asseada, a mãe dos meninos.

— Mariazinha, se estava tão perto, por que não voltou? Seus filhos a esperam. Não teme perdê-los?

— Temo perder-me antes que consiga meu intento. Como podia voltar de mãos vazias? Nada consegui. Meu marido, não consegui encontrar por essa vida afora; emprego, ninguém ousa me dar. Dizem que cheiro mal, que estou fraca, talvez até carregue doenças propagadoras de mal sem cura. Como poderia voltar e me mostrar às minhas crianças, se nem um pão tenho a lhes dar?

Tereza abraçou-a, não importando o estado em que se encontrava.

— Mariazinha, você achava que tinha pouco, mas conseguia alimentá-los com o plantio. Tinha teto e amigos. Vamos, seus filhos a esperam.

Ricardo, que até o momento era mero espectador, entrou em cena:

— Tereza, ela está fraca demais. Vamos sair daqui. Sei de um lugar que serve uma forte sopa capaz de levantar um gigante.

Ele tentava brincar com as palavras para diminuir a tensão.

— Eu não queria voltar, e sim arranjar um trabalho e pegar minhas crianças. Não quero continuar a receber quem não desejo.

— Ele partiu.

Mariazinha arregalou os olhos sem entender o que Tereza queria dizer, e ela não queria ser mais clara, pois poderia magoar seu amigo.

Não foi preciso.

— Mariazinha, se você fala de meu pai, peço perdão por ele. Ele não está mais entre nós. Não em matéria. Vamos para casa que minha mãe gostará de vê-la e seus filhos também.

Foram até onde o rapaz tinha sugerido, mas foram barrados na porta quando Ricardo pediu que lhe indicassem uma mesa.

— Senhor, não temos mais lugares vagos.

— Como não? Estou vendo vários, ou será que meus olhos me enganam?

Tereza rodeava com o braço o ombro de Mariazinha, no que foi logo notado pelo homem.

— Sua acompanhante não está com vestimenta de acordo para o local.

— Julga o ser pelos seus andrajos? É tolo. Por dentro ela é alva como uma pomba, já o senhor parece que carrega dentro de si o que repele agora.

— Está me insultando.

— Não pense assim. Pense que o estou ajudando a ser uma pessoa melhor. Mas agora vejo que realmente não é o lugar adequado para que façamos nossa refeição. O atendimento pode estar contaminado com essa energia que carrega. Passe bem.

Ricardo saiu puxando Tereza, que, por sua vez, puxava Mariazinha.

— Tereza, estou lhes causando transtorno. Ele está com razão. Estava mendigando e assim me pareço. Não estou apresentável nem para chegar aos meus filhos.

Ricardo tomou logo a palavra:

— Se é assim que se sente, agradeço até aquele homem, pois começamos pelo local errado. Vamos, Tereza; suas compras ainda não terminaram.

Passadas umas boas horas, Ricardo, Tereza e Mariazinha voltaram para a fazenda e um clima de ansiedade e alegria dominava a viagem de retorno.

— Mãe! Mãe!

Várias criaturinhas, que aguardavam ansiosos desde que ouviram o ronco do automóvel, saíram em disparada ao ver quem chegava junto com eles.

Mariazinha mal pode conter as lágrimas. Não queria chorar. Choro para as crianças significava sofrimento e ela não queria mais isso para a vida deles.

Tonico, depois de abraçar a mãe, correu a se enlaçar em Ricardo.

— Bem que você falou! Era esse presente, não era?

— Tonico, ainda nem abriu os embrulhos.

— A mãe! Não era ela o presente?

Tereza de pronto foi em socorro do rapaz.

— Sim, Tonico. Sua mãe já nos aguardava para trazê-la de volta, e olhe quanta coisa ela lhes trouxe.

Os brinquedos embrulhados em papel lustroso colorido fizeram brilhar os olhinhos dos pequeninos.

Mariazinha estava com a voz embargada diante de tanta bondade.

— Mãe, está bonita. Cheirosa!

De fato, Mariazinha estava transformada tanto por fora quanto por dentro.

Ricardo fez questão de que uma profissional tratasse de seus cabelos e desse um toque especial. Um *tailleur*, roupa que nunca tinha usado, e uma blusa simples, mas com gola drapejada, faziam singelo o conjunto. Sapatos macios foram colocados em seus pés, e até umas peças de vestuário Ricardo fez questão de comprar. Mariazinha sentiu-se mimada, amparada, e foi como se o sol rasgasse as nuvens e aparecesse com todo seu esplendor.

Dona Eleonora, à porta de casa, tudo observava e agradeceu ao Altíssimo que a mãe dos meninos tivesse voltado.

As crianças estavam indóceis. Tantos embrulhos... O que cada um teria de tão especial? — se perguntavam.

— Vamos, crianças! Não querem ver o que trouxemos? Então, ajudem a descarregar.

Mariazinha, ao avistar Eleonora, ficou inibida.

— Tereza, agradeço o que fizeram por mim e meus filhos. Só Deus poderá pagar a vocês, tamanha é minha dívida; mas vou para casa. Se puder ficar mais um pouco com as crianças...

— Mariazinha, está fraca, tem que se alimentar. O pouco que comeu não deu para satisfazer seu organismo fraco.

Dois corações e um destino • 261

— Tenho que ir até em casa e pô-la em ordem para levar as crianças.

Tonico, que prestava atenção, não deixou por menos.

— Vou junto. Já estou grande e posso ajudar a limpar a casa. Não vou mais deixar a senhora sozinha.

A mulher abraçou-o, beijando-o continuamente.

— Fui eu que os deixei. Mas estou de volta e de vocês só me afastarei quando Deus quiser.

—Mariazinha, vamos fazer uma boa refeição e iremos todos.

— Não! Não posso permitir. Estão exaustos.

— Será uma brincadeira.

Tereza foi falar com Eleonora, que deu logo uma outra sugestão:

— A casa lhe pertence, minha filha, mas creio que gostará de tê-los mais perto, e, de mais a mais, o que farei sozinha nesta casa tão grande? Logo Ricardo voltará aos estudos e não terei com quem resmungar. Estou pedindo muito?

— Não. A senhora é maravilhosa em todos os sentidos. Meus avós, de onde estiverem, gostarão de saber que a casa onde foram tão felizes agora abriga a tantos. Só peço uma coisa: que eu divida o quarto com dona Veridiana. Sei que ela não se importará.

— Mas por que, Tereza?

— Me sentirei melhor.

— Se assim deseja, assim será.

— Trarei hoje mesmo minhas coisas e alguns bordados que guardo com muito carinho. Minha avó fez para que fizesse parte de meu enxoval, mas creio que envelhecerão no baú. Vou agora mesmo falar com Mariazinha. As crianças, tenho certeza, adorarão a mudança.

De fato, foi o que ocorreu. Eles largaram o que estavam fazendo e puxaram a mãe em direção ao que seria o novo lar.

Depois de tudo a contento...

— Tereza, já agradeci a dona Eleonora a casa e a refeição. Tem certeza que quer morar na casa grande? Aqui é seu lar. Cresceu aqui.

— Esta fazenda é meu lar. Estava me sentindo muito sozinha com a partida de meus avós. Será melhor para mim e para vocês. Vamos descansar e amanhã iremos até sua casa. Traremos o que for necessário, o que não precisar deixaremos para outro usar. Acredito que aqui terá tudo que precisar, minha avó era meticulosa.

— Você é um anjo, Tereza. Que Deus lhe dê um caminho de muita luz e por Ele venha a pessoa que a fará muito feliz.

— Sou feliz. Feliz por tê-la encontrado e trazê-la para perto das crianças que são meus amores. Agora é melhor recolher as crianças, pois precisa de descanso. Se deixar, empolgados como estão com os brinquedos, ficarão despertos até amanhecer.

Tereza pegou algumas mudas de roupa e se preparou para ir embora.

— Volto bem cedinho para lhe trazer o café da manhã. Espere-me para irmos até a casa do lago.

— Posso ir também.

— Ricardo! Pensei que já tivesse ido descansar.

— Vim buscá-la. Minha mãe contou-me que agora residirá em nossa casa. Vamos?

Ele pegou a mão de Tereza para conduzi-la, como fazia quando eram crianças, e ela tremeu.

— Está com frio? Deve ser o cansaço das compras e da viagem. Até mais. Bem cedo estaremos aqui.

— Não tão cedo. As crianças com certeza relaxarão e dormirão como anjos que são, sem tempo certo para acordar.

Tereza afastou-se indo ao encontro dos pequeninos. Estava feliz. A felicidade dos pequeninos exultava sua alma.

Veridiana alegrou-se por ter Tereza como companhia, apesar de achar que o lugar dela era no quarto grande destinado aos hóspedes.

Logo amanheceu. Tereza, que sucumbiu logo ao sono, pois estava cansada, despertou com os primeiros raios da manhã. Preparou o desjejum prometido e foi levar para os novos moradores de sua antiga habitação. Vozes indicavam que não dormiram até tão tarde como pensara.

— Mãe! Tereza está vindo!

— Tereza! Tereza! — pronto, estava desperto o dia.

— Menina, não descansou nada. Como me disse, encontrei mais do que precisava. Já passei até um café.

— O cheirinho já foi longe. Trouxe broa e uns pedaços de bolo. Se sairmos logo, cedo voltaremos. Tenho trabalho me esperando. Falando em trabalho: a cozinha está precisando de duas boas mãos. Quem cuida dela já está sentindo o peso dos anos e precisa de quem a auxilie.

— Tereza, está sugerindo que eu vá trabalhar na casa grande?

— Não seria perfeito? Ganharia o sustento da casa e ainda poderia cuidar das crianças, pois sempre as teria por perto. Vou falar com dona Eleonora. Com certeza a admitirá.

— Tereza, você é um anjo. Quando penso que já fez tudo por nós, você vem e nos surpreende.

— Bem, agora vamos ao que de fato interessa. Crianças, se já acabaram, mãozinhas lavadas que vamos dar um passeio. Desculpe, Mariazinha, estou tão acostumada que até esqueci que estava aqui.

— Espero que sempre esteja presente. As crianças lhe obedecem de imediato. Eu já precisava falar duas vezes.

O tom dela era de brincadeira, e Tereza desanuviou.

Quando saíram para começar a caminhada, alguém já estava sentado sob o alpendre esperando por eles:

— Ricardo, caiu da cama?

— Você caiu muito antes de mim, professorinha. Ia me deixar de fora dessa farra?

As crianças já estavam emboladas com ele, e a satisfação era total.

O caminhar foi rápido. Assim que chegaram, Mariazinha pediu que Tereza ficasse fora da casa, pois não sabia em que condições estaria.

— Vá. Mas espere que vou ajudá-la. Ricardo os distrairá enquanto separamos o que levará.

O rapaz já empurrava o pequenino em um balanço que o pai do menino havia improvisado.

Quando Mariazinha adentrou, um grito abafado saiu de sua garganta e ela cambaleou, sendo amparada por quem vinha logo atrás.

— Céus! Não é possível!

— Com seu grito quem estava dormindo dentro da casa logo despertou.

— Mulher, por onde andou?

Ele levantou-se meio que cambaleante indo ao encontro de Mariazinha. Pensava que ela sempre esteve ali com as crianças, mas soube por Pedro que ela também havia partido.

— Deve ser alucinação! Procurei-o tanto e estava aqui. Disseram que havia partido com uma...

— Fui um tolo. O ciúme me corroía. Deixei-a livre para viver como bem lhe aprouvesse. Mas, minha cara, não levei ninguém comigo. Não quem está pensando.

— Está magro.

— Consegui alguns biscates, mas o pouco que ganhava guardava para mandar para as crianças.

E, tirando do bolso umas notas amassadas, continuou.

— Desculpe se a fiz sofrer. Não tem obrigação de me querer, mas senti tanto sua falta. Sonhava com as crianças, com todas elas em meu colo.

Tereza, que a tudo assistia, saiu de fininho, pois o acerto dos dois não demoraria e sua presença ali os inibiria.

— Tereza, já terminaram? Essa sua rapidez me assusta. Ou veio pedir nossa ajuda?

Ele falava em tom jocoso, mas parou quando viu seriedade no semblante da moça.

— As crianças terão uma grande surpresa. Não imagina quem encontramos.

Tonico, que não perdia de Tereza um gesto ou uma palavra...

— Tereza, encontraram o quê?

Não era bem o que e sim quem; ela respirou aliviada por ele não ter entendido.

— Tonico, é um menino esperto. Espere e logo saciará a curiosidade.

Não demorou e a mãe apareceu na porta chamando a criançada.

Tonico foi o primeiro a correr, havia algo no ar e ele queria saber o quê.

Quando se afastaram, Tereza contou a Ricardo:

— Pode agora me dizer do que se trata? Quem está na casa?

— O pai dos meninos voltou! Deixei-os a sós, pois tinham muito que conversar. Acredito que agora a família das crianças estará completa.

— Tereza, são meus irmãos.

— Só um tem o mesmo sangue que corre nas suas veias.

— Não importa. Amo cada um deles com a mesma intensidade. Não darei a um o que não dividir com os outros. Já sofreram demais. Enquanto eu viver, nada lhes deixarei faltar. Agradeço pelo pai que eles amam ter voltado. Você sabe a história deles? Não? Então contarei.

Enquanto conversavam, no humilde casebre...

— Meninos! Saiam já de cima do pai de vocês. Ele esteve doente, por isso esteve afastado de nós. Agora que voltou, temos que cuidá-lo para que fique forte de novo.

A alegria dos pequenos era visível. Tinham de volta os pais, dois amigos abençoados e casa nova.

Logo colocaram o pai a par da nova moradia e do que tinham vindo fazer na velha casa: mudança.

— Vamos, pai! Lá tem horta, cavalos.

— Crianças, seu pai conhece o lugar.

— É verdade, Mariazinha? Será que agora que estou de volta não serei empecilho? Já soube da morte do senhor Augustus. Eles já sabem do menino?

Rosamaria colocou a mão em seus lábios, evitando que falasse mais.

— São todos seus filhos. Antes era assim e assim sempre será. Vamos ser felizes. Muito felizes.

Eles se abraçaram e as crianças os rodearam. Foi assim que Ricardo e Tereza os encontraram.

Depois de instalados com a concordância plena de Eleonora, um problema apareceu:

— Pedro, está enciumado. Não pode falar assim de outrem. Todos têm direito a uma nova oportunidade. O pai dos meninos parece ser um bom homem. O que lhe custa ensiná-lo a cuidar dos cavalos?

— Patrãozinho, seu pai sempre deixou que eu fizesse o que quisesse a respeito dos cavalos. Não preciso de quem me ajude. Dou conta do recado.

— Não está sendo maleável.

— Sou chucro e quando emperro nada me faz mudar.

— Pedro, já tivemos problemas demais nesta fazenda. Quero respeito e atenção entre todos. Não quero brigas entre vocês.

— Patrãozinho, só quero que saiba que, se esse homem ficar aqui, eu vou embora.

— Sinto muito pelo que acaba de dizer. Está trabalhando para meu pai há muito tempo. Não quer reconsiderar?

— Não sei o que essa palavra quer dizer, mas, se é para eu ficar, o patrãozinho sabe o que fazer. É um absurdo ver quem está instalado na casa de Tereza. Direito mesmo, eu que teria.

— Pedro, nunca estive à frente dos negócios do meu pai, mas nunca me passou despercebido que, pelo que ganha, não poderia ter a moradia que tem. Meu pai fechava os olhos por algo que devia saber dele. Não posso acusá-lo de nada, mas estou lhe dando a oportunidade de recomeçar e ao lado de quem pode lhe ensinar um pouco sobre a vida.

— Vou fazer minha trouxa. Estou vendo que não sou benquisto aqui.

Assim falando, sem deixar que Ricardo se estendesse, pois muito teria que explicar sobre o sumiço de vários cavalos, adiantou-se e, sem mesmo esperar para receber o que lhe era devido por tantos anos ali trabalhados, foi embora sem mesmo se despedir.

Eleonora ficou surpresa com a atitude de quem lhe servira por tantos anos e era de total confiança de seu esposo.

— Mãe, dei a ele oportunidade de viver uma vida regrada. Não iria questionar o que acontecia antes, mas deixei claro que não mais admitiria o que vinha acontecendo. O marido de Mariazinha ocupará o lugar dele. Não queria que fosse assim, mas ele tem livre-arbítrio. Às vezes podemos recuar e retornar por caminhos mais amenos, mas não enxergamos essa dádiva que Deus nos dá. Eu mesmo, sabe mãe, sabia que aqui na fazenda algo ocorria, mas tentava ignorar. Pequei por omissão, poderia ter falado com o pai, conversado; quem sabe ele não tivesse errado tanto?

— Sempre foi bom filho. Ele é que não deixava você se chegar a ele. Era exigente demais. Questionava sua conduta, e olhe que para mim sempre foi irrepreensível. Mas, quando estamos afogados em um mar de erros, só vemos o que queremos ver.

Que Deus em sua benevolência perdoe Augustus e os bons espíritos o ajudem a caminhar nessa nova etapa da vida.

— Mãe, era para estar indignada e pede que Deus o perdoe?

— Filho, o que seria de mim se me moesse em maus sentimentos? Que sentido teria minha vida se vivesse agora blasfemando, aos quatro cantos, os erros de seu pai? Você mesmo disse que ele se arrependeu dos feitos, então cabe a nós ajudá-lo da melhor maneira possível. O primeiro passo já foi dado, dando condições melhores à família de Mariazinha. Quanto a Tereza, queria que ela o perdoasse e o recebesse como pai no coração.

Nesse momento, entrava na sala a maior interessada no diálogo e pode escutar as últimas palavras.

— Sinto muito, dona Eleonora. Como a senhora mesma acabou de dizer, aceitá-lo no meu coração não posso. Sei que estou pecando por isso e me faz mais mal do que bem. Quando penso nele, penso em minha mãe e no verdadeiro motivo de ela ter se afastado de mim e de meus avós. Pai não é um acaso, ser pai é se doar. O pai dos meninos é um grande exemplo. Ele é pai de fato e direito.

Tereza chegou às lágrimas, e Eleonora também não pode se conter. Estava exigindo demais de quem sempre foi um exemplo de ser humano.

Tereza retirou-se, e na sala se fez silêncio, só quebrado pelos pequenos soluços de quem colhia os frutos amargos de um mau semeador.

— Mãezinha, não fique assim. Não merece.

— Filho, nisso está errado. Se não nesta vida, com certeza algo que fiz em vida passada agora tenho que redimir.

— Ensinou meu pai a orar. E esse foi o início da libertação dele. Acredito que tenha sido assim, e a senhora foi responsável por isso.

— Era meu dever, mas o fiz por amor.

O rapaz abaixou a cabeça, e ela percebeu, pelos seus ombros caídos, que algo mais o abatia.

— Filho, está acabrunhado. É por causa de Tereza, não é? Temos que ter paciência e esperar. Só o tempo apagará da memória dela o que foi ruim e permitirá admitir-nos como parte de sua família.

— Eu sei, mãe. Mas o que está me consumindo é que, mesmo sabendo que tudo o que sinto por ela faz parte de nossa ligação paterna, sinto às vezes meu peito apertar, quase sufocar quando penso nela. Por isso queria lhe dizer que vou partir para a cidade e concluir meus estudos. Tereza é inteligente e a ajudará com a contabilidade. Tem agora em Mariazinha uma boa ajudante e em seu esposo, creio eu, um empregado dedicado. Virei todos os finais de semana. Antes, porém, quero que saiba que andei olhando os livros e constatei que é irrisório o que os empregados recebem em relação ao montante que entra todo mês em nossa conta bancária. Eles nunca reclamaram porque não podem ficar sem o ganha-pão, mas é indigno. Com sua permissão, darei a cada um o merecido pelo que arrecadamos por mês. Na época da colheita, na venda dos rebanhos, e de tudo mais que a nós pertence, a eles caberá uma parte justa.

— Concordo plenamente. Será um grande advogado. Lembra que falei que teríamos como missão consertar os erros de seu pai?

— A senhora é sábia e muito bondosa. Vou sentir sua falta. O rapaz foi até ela, deitou a cabeça em seu regaço e respirou fundo.

Eleonora passava a mão em seus cabelos como fazia quando ainda era menino... Ainda era seu menino levado de outros tempos... Sorriu carinhosamente para Ricardo envolta em suas saudosas recordações.

CAPÍTULO • DEZOITO

O segredo se desfaz

— Com licença. Posso me chegar?

— Veridiana! Aconteceu alguma coisa com Tereza?

Foi o primeiro pensamento que veio a Ricardo.

— Não, meu menino. Esta velha é que se demorou demais para falar o que já deveria ter dito, evitando tanto sofrimento. Tendo Tereza em meu quarto, pude ver as noites mal dormidas que tem tido. Ela sofre... Ela o ama...

O rapaz levantou-se, e em seu rosto desenhou-se o desespero.

— Não pode! Não podemos! Ela tem meu sangue.

— Não, meu menino. O sangue que corre nas veias de Tereza não é o mesmo que corre nas suas.

— Está querendo dizer que ela não é...

— Não! Ela não é filha do senhor Augustus.

— Por que não disse antes? Por que deixou que pensássemos que era assim?

— Não era segredo meu. Mas vendo a menina sofrendo, não posso mais me calar. Perdoe esta velha ignorante que não soube a hora de falar. Tereza é filha de um mercador que se foi quando soube da gravidez.

Ricardo foi até ela e beijou sua fronte.

— Obrigado! Tirou-me um peso enorme e alegrou meu coração. Agora, se me dão licença, tenho que ir falar com alguém.

Na cozinha, Tereza já estava a trabalhar, pois o serviço não podia esperar. As tarefas que ela fazia antes, mesmo agora com Mariazinha na casa, ela continuava a fazê-las.

Ricardo chegou de fininho na grande copa e, antes que ela percebesse, ele já estava ajoelhado aos seus pés.

— Linda princesa, vim lhe salvar da vida carrasca! Quero que seja minha esposa, mãe de meus futuros rebentos, dona do castelo em que se transformou meu coração.

Tereza ficou rubra. Enxugando a mão no pequeno avental, tentou pegar-lhe o braço para que se levantasse.

— Ricardo! Aquele tempo foi embora e não volta mais. Não é um cavaleiro andante com armadura reluzente, e não sou mais a mocinha que está à espera de seu príncipe encantado. Levante! Se o pegam, vai ser motivo de chacota.

— Tereza, não estou de brincadeira. É uma princesa. A princesa dos meus sonhos. Quer se casar comigo?

Tereza fitou os olhos do rapaz e constatou que o que dizia era verdadeiro. Mesmo sempre dizendo não ser sua irmã, a dúvida pairava sob sua cabeça.

Em um gesto rápido, ela tirou o avental e correu para a porta lateral que dava para o campo.

O rapaz, pego de surpresa, custou a ter reação. Quando se recompôs, tentou ir-lhe atrás.

— Ricardo, o que disse a Tereza? Vi-a em carreira desabalada.

— Nada, mãe, ou melhor: só a pedi em casamento.

— Assustou-a com certeza. Não era o momento de pedidos, e sim de acertos. Devíamos tê-la deixado conversar com Veridiana.

— Mãe, não falei nada a respeito. Só a pedi em casamento.

— Ricardo, se nada contou, o pedido foi feito por quem até o momento acreditava ser seu irmão.

— Estraguei tudo. Mas, se eu correr, isso não durará muito.

E lá se foi ele atrás da felicidade.

Procurou, chamou, e nada de Tereza. Os meninos, que estavam a brincar, atenderam o chamado:

— Procura Tereza?

— Sim, Tonico. Sabe para onde ela foi?

— Não podemos contar. É brincadeira de esconde-esconde.

— Escondida? O coração do rapaz disparou só em pensar que já sabia onde ela estava.

Montes e montes de feno. Onde sua amada estaria?

O rapaz caminhou entre os montes, tentando ver algo que lhe desse indicação de onde ela estaria. Nada. Ele já duvidava de que ela estivesse onde ele pensou que estaria.

— O terceiro à sua direita.

— Emerecilda, só viemos observar se de fato Veridiana libertou-se da prisão em que se encontrava. Foi sábia intuindo Tereza a ficar-lhe em companhia no mesmo quarto. Mas agora deixe que o destino se encarregará do restante.

— Não podemos ficar mais um pouco?

— Minha amiga, o que podemos fazer por Tereza, você já fez. Cumpriu o que havia prometido em vida passada.

— Prometi?

— Sim. Faltou falar da importância de Tereza nessa última encarnação. Você tomou conta dela como prometeu. Cuidou-a, alimentou-a, deu-lhe ensinamentos de valores indiscutíveis. Aos poucos se lembrará o porquê do prometido; mas posso começar a lembrar-lhe: Tereza, que outrora se chamava Anne, saiu com suas vestimentas para poder se encontrar com seu amado. Era sua fiel escudeira. Sabia que era seguida e que não poderia deixar que a alcançassem, pois logo descobririam o logro. Isso lhe foi fatal. Na escuridão, embrenhou-se em um matagal e um fosso tirou-lhe a vida terrena. Jurou diante daquele frágil corpo que ainda se encontrariam e então a protegida seria ela.

— Estou emocionada. Enquanto falava, lembrei-me de alguns momentos e da figura de Anne. Além de continuar destilando bondade, elevou-se espiritualmente.

— Graças a você e aos ensinamentos que teve antes de reencarnar como Tereza.

— Nesse ínterim, ela teve outras?

— Encarnações? Ela, como você também, até se encontrarem; mas agora temos que ir. Outras Terezas ou outros Augustus precisão de amparo e essa é nossa missão. Também tem Prudêncio que nos aguarda com notícias de quem muito amou, como boa neta que foi.

CAPÍTULO • DEZENOVE

Felicidade

O tempo enquanto falavam parecia não ter passado, pois Ricardo ainda se encaminhava para onde sua intuição dizia estar sua amada.

— Tereza, por favor não se esconda mais. Se mostre para a vida que ela é bela. Tão bela quanto você, minha irmãzinha, pois somos filhos de um mesmo Deus, não do senhor Augustus.

O monte mexeu-se e apareceu uma figura encantadora.

— Tereza, você está parecendo um gracioso espantalho.

— Não caçoe. É verdade o que acabou de dizer? Não somos irmãos?

— Não por laços sanguíneos.

— Como pode ter certeza?

— Você não tinha? Não afirmava todo tempo essa verdade?

— Quem falava a vocês na sala era dona Veridiana. Foi ela, não foi?

— Sim, Tereza, mas você pode saber mais, assim que deixar seu lado criança um pouco de lado.

Ricardo queria dar seriedade a sua voz, mas não podia se conter com aquela figura a sua frente.

— Caçoa de mim.

— Eu a amo.

Emerecilda tinha dado a Tereza mais do que proteção, deu-lhe o fruto de seu amor com Prudêncio, para que vivessem um grande e liberto amor.

Meses se passaram... Muitos meses...

— Tereza, como combinamos, espere-me naquele café onde encontramos Mariazinha. O que tenho para resolver sobre a fazenda não se demorará.

Assim foi dito, e desse jeito aconteceu, e uma nova surpresa os aguardava:

— Ricardo! Que bons ventos o trazem fora do seu novo mundinho?

— Boa tarde, Lídia! Estou de volta. Termino logo, logo meu curso. Você, creio eu, já está formada.

Antes que ela respondesse...

— Lídia, não vai me apresentar ao rapaz?

Lídia ficou rubra, e Ricardo sem entender.

— Já que Lídia perdeu o que tão bem sabe usar, que é a fala, apresento-me:

— Doutor Quintanilha.

— Já ouvi falar sobre o senhor, grandes causas ganhas.

— Nem tanto, meu rapaz. Menos do que eu gostaria de ter me saído vitorioso.

Lídia, parecendo despertar, deu seu parecer:

— Modéstia sua, Quintanilha.

— Mas Lídia, me fale de você... Muito trabalho?

O homem dessa vez não lhe deixou tempo para resposta.

— Trabalhar? Se ir todos os dias à modista, dar ordens aos empregados e manter sua linda figura é trabalho, digo que tem se esmerado. Minha jovem esposa tem seu tempo todo tomado e, por falar nisso, estamos de saída, pois tenho audiência e não vou deixar minha linda esposa à mercê desses janotinhas.

Lídia virou-se para falar com o rapaz sem que o outro visse sua expressão e viu quem estava a observá-los em uma mesa, um pouco distante.

— Vejo que se faz acompanhar por sua meia-irmã.

— Minha esposa. Encantadora esposa. Estou terminando meu curso e Tereza aproveita para também ter seu diploma. Estou erguendo na fazenda uma escolinha com mais recursos que a antiga, e Tereza tem se esmerado para elevar-se profissionalmente.

Agora Lídia estava rubra de raiva.

— Continua tolo como sempre.

Ela falou entre dentes para que o esposo distraído não pudesse ouvir.

Ricardo despediu-se discretamente e foi ao encontro de quem o esperava tranqüilamente.

— Tereza, desculpe o transtorno.

— Fique à vontade. Depois de tanto tempo convivendo, até por causa do estudo, vocês têm algo a conversar.

— Tereza, amo-a cada vez mais. Era para ficar indignada por eu ter falado com ela e aí está, serena como sempre.

A moça tocou-lhe a mão com carinho e ofereceu-lhe um sincero sorriso.

— Sei que não é curiosa, mas Lídia casou-se com aquele ancião que estava a acompanhá-la.

— Ele deve ter mais do que o dobro da idade dela.

— É riquíssimo. Pelo que dizem, suas causas sempre são ganhas porque as testemunhas de acusação sempre desistem de seus depoimentos.

O diálogo lá fora não era diferente:

— Seu ex-noivo, pelo que pude perceber. Desencantou-se por sabê-lo casado?

— Não! Imagina. Fui eu que o deixei. Nossa relação estava esgotada.

Ao falar, Lídia virou-se, pois uma lágrima teimava em descer pelo seu lindo rosto.

Não havia concluído os estudos. Não voltou por vergonha de encontrar seus colegas e saberem da prisão de seu pai. Quem estava a seu lado fora advogado de seu pai e livrou-o das garras da justiça. Viúvo, logo lhe fez a corte e sua conta bancária fez Lídia pensar que casando com ele estava acima do bem e do mal.

Pobre tola. Com o livre-arbítrio que a todos cabe, preferiu o caminho mais fácil em direção ao desgaste espiritual.

Enquanto isso, rodeados pela felicidade...

— Comprou os presentes dos meninos? E os uniformes?

— Comprei o tecido. Eu e sua mãe combinamos em fazê-los. O faremos de acordo com as crianças que se matricularem na nova escolinha.

— Terá tempo?

— Tempo? O tempo que me dará esse tempo.

Ricardo sorriu encantado. Aquela era sua Tereza, sua eterna criança.

Depois de alguns anos passados...

— Mãe! Tereza! Vamos chegar atrasados!

Havia uma linda festa à beira do lago. Bolas coloridas dançavam suavemente em suas tranqüilas águas. Uma bandinha animava o local. Os empregados da fazenda, com seus trajes domingueiros, ao lado de seus familiares, estavam maravilhados.

Era dia de formatura. Terminando o curso primário, seguiriam rumo à nova fase, e Tereza, com apoio do esposo, conseguiu professores que colaborariam para dar às crianças ensino profissionalizante. Tereza não cabia em si de tanto orgulho.

Mariazinha com seu esposo e filhos aplaudiam Tonico, que recebia o diploma das mãos de Ricardo, obtido com louvor.

Dona Eleonora estava emocionada com a mudança naquela fazenda. Os empregados estavam mais dispostos para o trabalho. A fazenda prosperava ainda mais, obtendo assim mais recursos para a escolinha.

Três figuras assistiam emocionadas ao desenrolar da festinha:

— Será que meu pedido foi aceito?

— Emerecilda, é merecedora de fato e não lhe negarão o que pediu. Integrará a família de quem em vida passada foi seu amado filho e hoje atende por Ricardo. Será o primeiro filho de Tereza.

— Quanto a Prudêncio?

— Ele mesmo lhe dirá.

— Minha velha, reencarnarei como membro da família de Mariazinha. Estarei ao seu lado e a acompanharei onde for. Serei mais cauteloso. Aguçarei minha visão e verei se acontecer algo que possa prejudicar outrem. Não serei conivente. Ouvirei mais e calarei quando se fizer necessário.

— Você foi um bom homem.

— Não soube usar os sentidos dados pelo Altíssimo. E peço perdão por isso.

— Senhor, podemos voltar agora? Quero ir ao templo orar e agradecer a dádiva que nos é dada.

Reencarnar e pertencer à família de Tereza e Ricardo e ainda ter junto nessa nova encarnação meu eterno amor é maravilhoso. Sinto o toque suave da mão de Deus em nosso destino. Tudo farei, e também falo por Prudêncio, para torná-los muito felizes.

O som da bandinha ficava cada vez mais longe. E depois de muitas luas passadas deu-se o nascimento de duas crianças naquela fazenda, completando a felicidade que lá já existia.

Fim.

VANIR MATTOS TORRES

LÚMEN EDITORIAL

LIGAÇÃO ETERNA
Romance | 200 páginas | 14x21 cm

FIM DA LINHA
Romance | 256 páginas | 14x21 cm

PLANTANDO O AMOR
Romance | 208 páginas | 14x21 cm

ABENÇOADAS MARIAS
Romance | 336 páginas | 14x21 cm

VIDA, MINHA VIDA
Romance | 224 páginas | 14x21 cm

DOIS CORAÇÕES E UM DESTINO
Romance | 288 páginas | 14x21 cm

Eliana Machado Coelho & Schellida
...em romances que encantam, instruem, e emocionam... e que podem mudar sua vida

A CONQUISTA DA PAZ
Eliana Machado Coelho
romance do espírito Schellida
16x23 cm | 512 páginas

Bárbara é uma jovem esforçada e inteligente. Realizada profissionalmente, aos poucos perde todas as suas conquistas, ao se tornar alvo da perseguição de Perceval, implacável obsessor. Bárbara e sua família são envolvidas em tramas para que percam a fé, uma vez que a vida só lhes apresenta perdas. Como superar? Como criar novamente vontade e ânimo para viver? Como não ceder aos desejos do obsessor e preservar a própria vida? Deus nunca nos abandona. Mas é preciso buscá-Lo.

A CERTEZA DA VITÓRIA
Eliana Machado Coelho/Schellida
Romance | 16x23 cm | 528 páginas

E se a vida te levasse a se apaixonar pelo filho do homem que matou sua mãe?

Neste romance apaixonante e impressionante, A certeza da Vitória, o espírito Schellida, pela psicografia de Eliana Machado Coelho, mais uma vez, aborda ensinamentos maravilhosos e reflexões valiosíssimas em uma saga fascinante de amor e ódio, trazendo-nos esclarecimentos necessários para a nossa evolução. Boa Leitura!

LÚMEN EDITORIAL

SÔNIA TOZZI

Amor enxuga as lágrimas (O)
264 páginas | 14x21 cm
Romance

Vítima do desejo
312 páginas | 14x21 cm
Romance

Uma janela para a felicidade
384 páginas | 16x23 cm
Romance

Almas em conflito
392 páginas | 14x21 cm
Romance

Renascendo da dor
256 páginas | 14x21 cm
Romance

Preço da ambição (O)
456 páginas | 14x21 cm
Romance

Vida depois de amanhã (A)
360 páginas | 14x21 cm
Romance

Riqueza do amor (A)
328 páginas | 14x21 cm
Romance

Somos todos aprendizes
368 páginas | 14x21 cm
Romance

No limite da ilusão
344 páginas | 14x21 cm
Romance

Passado ainda vive (O)
400 páginas | 14x21 cm
Romance

Quando chegam as respostas
328 páginas | 14x21 cm
Romance

Em busca do verdadeiro amor
328 páginas | 16x23 cm
Romance

www.lumeneditorial.com.br
17 3531.4444

LÚMEN
EDITORIAL

SULAMITA SANTOS

Um novo olhar para a vida
272 páginas | 16x23 cm

À procura de um culpado
528 páginas | 14x21 cm

Doce entardecer
14x21 cm | 576 páginas

Laços que não se rompem
496 páginas | 16x23 cm

Desejo de vingança
512 páginas | 14x21 cm

Começar outra vez
504 páginas | 16x23 cm

Pronto para recomeçar
360 páginas | 16x23 cm

Um milagre chamado perdão
424 páginas | 16x23 cm

O passado me condena
472 páginas | 16x23 cm

Os caminhos de uma mulher
504 páginas | 16x23 cm

TREZE ALMAS
Marcelo Cezar ditado pelo espírito Marco Aurélio
Romance | 16x23 cm | 480 páginas

O incêndio do Edifício Joelma, ocorrido em São Paulo em 1974, ainda causa comoção. Um dos enigmas que rondam esta tragédia até os dias de hoje é que treze pessoas, das centenas que morreram, foram encontradas carbonizadas em um dos elevadores do prédio e jamais foram identificadas. Esses corpos foram enterrados no Cemitério São Pedro, na Vila Alpina, e desde então os treze túmulos viraram local de peregrinação e pedidos de toda sorte: curar uma doença, melhorar a vida afetiva, arrumar um emprego, adquirir a casa própria, reencontrar o carro roubado... Foram tantos os pedidos e tantos os atendidos que o local se transformou em um símbolo de esperança, conforto e fé. Anos depois, ao lado desses túmulos, construiu-se uma capela para oração, meditação, reflexão e agradecimento. Este romance conta a história de uma das treze almas. Por que ela foi enterrada e seu corpo não foi reclamado até hoje? Ela ainda está lá? Os outros doze também estão ali? Os pedidos são realmente atendidos? Como funciona esse trabalho entre o mundo astral e o mundo material? Mergulhe neste fascinante relato de vida, conheça as respostas, entenda como os milagres acontecem e desvende o mistério das treze almas.

Av. Porto Ferreira, 1031 - Parque Iracema
CEP 15809-020 - Catanduva-SP
17 3531.4444

visite nosso site: www.lumeneditorial.com.br
fale com a Lúmen: atendimento@lumeneditorial.com.br
departamento de vendas: comercial@lumeneditorial.com.br
contato editorial: editorial@lumeneditorial.com.br